摩訶毗盧遮那佛

金剛界曼荼羅

胎藏界曼荼羅

日本佛教真言宗高野山派金剛峰寺中院流第五十四世傳法大阿闍梨
中國佛教真言宗五智山光明王寺光明流第一代傳燈大阿闍梨

悟光上師法相

生死之道

悟光大阿闍梨略傳

悟光上師又號全妙大師，俗姓鄭，台灣省高雄縣人，生於一九一八年十二月五日。生有異稟：臍帶纏頂如懸念珠；降誕不久即能促膝盤坐若入定狀，其與佛有緣，實慧根夙備者也。

師生於虔敬信仰之家庭。幼學時即聰慧過人，並精於美術工藝。及長，因學宮廟建築設計，繼而鑽研丹道經籍，飽覽道書經典數百卷；又習道家煉丹辟穀、養生靜坐之功。其後，遍歷各地，訪師問道，隨船遠至內地、南洋諸邦，行腳所次，雖習得仙宗秘術，然深覺不足以普化濟世，遂由道皈入佛門。

師初於一九五三年二月，剃度皈依，改習禪學，師力慕高遠，志切宏博，雖閱藏數載，遍訪禪師，尤以為未足。

其後專習藏密，閉關修持於大智山（高雄縣六龜鄉），持咒精進不已，澈悟金剛密教真言，感應良多，嘗感悟得飛蝶應集，彌空蔽日。深體世事擾攘不安，災禍迭增無已，密教普化救世之時機將屆，遂發心廣宏佛法，以救度眾生。

師於閉關靜閱大正藏密教部之時，知有絕傳於中國（指唐武宗之滅佛）之真言宗，已流佈日本達千餘年，外人多不得傳。（因日人將之視若國寶珍秘，自詡歷來遭逢多次兵禍劫難，仍得屹立富強於世，端賴此法，故絕不輕傳外人）。期間台灣頗多高士欲赴日習法，國外亦有慕道趨求者，皆不得其門或未獲其奧而中輟。師愧感國人未能得道傳法利國福民，而使此久已垂絕之珍秘密法流落異域，殊覺歎惋，故發心親往日本求法，欲得其傳承血脈而歸，遂於一九七一年六月東渡扶桑，逕往真言宗總本山—高野山金剛峰寺。

此山自古即為女禁之地，直至明治維新時始行解禁，然該宗在日本尚屬貴族佛教，非該寺師傳弟子，概不經傳。故師上山求法多次，悉被拒於門外，然師誓願堅定，不得傳承，決不卻步，在此期間，備嘗艱苦，依然修持不輟，時現其琉璃身，受該寺目黑大師之讚賞，並由其協助，始得入寺作旁聽生，因師植基深厚，未幾即准為正式弟子，入於本山門主中院流五十三世傳法宣雄和尚門下。學法期間，修習極其嚴厲，嘗於零下二十度之酷寒，一日修持達十八小時之久。不出一年，修畢一切儀軌，得授「傳法大阿闍梨灌頂」，遂為五十四世傳法人。綜計歷世以來，得此灌頂之外國僧人者，唯師一人矣。

師於一九七二年回台後，遂廣弘佛法，於台南、高雄等地設立道場，傳法佈教，頗收勸善濟世，教化人心之功效。師初習丹道養生，繼修佛門大乘禪密與金剛藏密，今又融入真言東密精髓，益見其佛養之深奧，獨幟一方。一九七八年，因師弘法有功，由大本山金剛峰寺之薦，經日本國家宗教議員大會決議通過，加贈「大僧都」一職，時於台南市舉行布達式，參與人士有各界地方首長，教界耆老，弟子等百餘人，儀式莊嚴崇隆，大眾傳播均相報導。又於一九八三年，再加贈「小僧正」，並賜披紫色衣。

師之為人平易近人，端方可敬，弘法救度，不遺餘力，教法大有興盛之勢。為千秋萬世億兆同胞之福祉，暨匡正世道人心免於危亡之劫難，於高雄縣內門鄉永興村興建真言宗大本山根本道場，作為弘法基地及觀光聖地。師於開山期間，為弘法利生亦奔走各地，先後又於台北、香港二地分別設立了「光明王寺台北分院」、「光明王寺香港分院」。師自東瀛得法以來，重興密法、創設道場、設立規矩、著書立說、教育弟子等無不兼備。

師之承法直系真言宗中院流五十四世傳法。著有《上帝的選舉》、《禪的講話》等廿多部作品行世。佛教真言宗失傳於中國一千餘年後，大法重返吾國，此功此德，師之力也。

目錄

生死之道

顯密差別問答鈔 ……………………… 79

新編正法眼藏……153

生死之道

生死的連續關係

人類或一般動物，具生死過程出歿於這個世界上、所謂輪迴，則有經過三個階段：

一是前生的業蘊（行為的潛在意識）宿胎時的昏睡時期。

二是出生後感受世界苦樂的生活時期。

三是死後未轉生中的神識之苦樂感受時期。

第一段是在胎內過著黑暗中的感受世界。第二段是出生入世悲歡離合的社會活動中、介於眾緣和合的塵勞生活世界。第三是依其業報去承受苦樂的神識生活世界。死後若其六道惑業重者，立即隨業轉生、或經一七、二七、乃至七七日才去轉生、

生死之道

這所謂中陰期。亦有大善、大惡者不過中陰、在靈界受著永劫苦樂的，善者謂天、惡者謂鬼，視其業報如何、其業力盡則轉生、轉生之趣亦隨其宿報而定、在靈界一萬年未轉生者有之、其所受苦樂感受由其業報而不同。

第一階段由其業蘊之光徑依其同類相聚的原則下、投入具有緣的父母之交媾所發出的光徑之母胎內，依其業能而胚胎、生長、構成必需之器官。但這創造的業能是大宇宙業識自性之理體，具大宇宙之業識，即是吾人的感情、思想、信仰、經驗，感受著潛意識：所寄宿的本能，是超越現象界的，這雖是十界之光明與黑暗的泉源、但其自性是永遠光明而不滅的。

第一階段進入第二階段謂之生、第二階段進入第三階段謂之死、其第三階段，時期那樣黑暗、死去的時候是將世界外視的、宿胎時是將世界閉斂的。胎中時的神識對於現象的影響是混沌、無知的昏迷夢境世界。自溫暖的母體怕來出世之時外由受狹壓與外界溫度之刺激、未覺其艱澀而苦痛。剛出生尚未感覺外間的新存在以前、因出生而感覺破壞一向在胎內的存在時，亦會產生誤為是死亡一樣的情緒、如君入秋後被小的肉體束縛得牢固了、一旦臨終死去、對於未曾見過的死後之光彩、音樂、生活的刹那、或許會彷徨、覺得去路所走，如惺忪顛倒的境界。

其實，死是蟬蛻一般，脱去一種束縛(沒有固體)的生活，其神識自覺是輕而自由的，還如小兒一樣悠然自在。

吾人在世間現象中，僅能將外在的境界以內在的思想去感知，但死後的神識是不必涉及小野、不被春光所動，亦不受音響干擾，不必用身體器官、音聲、動作去傳達思想，它可以神識與神識之間，相印不離而互相結合，直接交感其思想與情緒。神識之對於遺族、親戚、朋友、不必用外在的行為去表現，可以直接侵入其陽間世人之心靈中居住，而互相感應來成為它的思想和作為。

現象與生活

嬰兒在母胎內、只是一種業識無明動力，是種創造形體的理德、胎兒之四肢、五臟、六根等器官是它的傑作。其對肉體沒有認為是自己的所有物、因它對自己沒有使用的心境與使用的感受、所有的美醜與器官都是它的對象物，未曾想到竟是後日成為自己之外表部分、它只是創造而已，一切都無所知、其對肉體之存在、亦如人死後不認肉體一樣、到了出生後卻又肯定其肉體是自己本身、而失去原本創造過程的客觀、成為獨立的主觀意識。視其創造技術如何與宿業亦有關，而直接影響現象的知覺、是聞、享受，成為現世的報酬，這是第一段進入第二段的入世現象。現世吾人之行為意志，亦如住胎期間中創造出世一樣，不斷地創造死後未來的存在而互相動作、吾人在一生中的一切思想作為、無論在人間界與自然界的一貫精神作用、依其努力的結果、都在不可見的一種潛能力量、結合成為不可解的業力、成為死後靈界的報酬、這是一種「蘊聚」、是存在於現象意識外，且在自然界不斷地擴大其勢力、但吾人卻不易見到、直至死後才會認為是自己所有、成為靈界中的覺受單位，亦像胎兒的蘊聚，在胎中發揮其力量、成了觀念主體而獨立在人間界一樣。

不論在人間界或靈界的觀念之塑造、形成結晶之潛能、才是真正不朽的產品、亦即是自己所有的單元、為人間的肉體所見不到的纏縛或解放之神秘力量。人雖死後肉體朽爛、但其產品仍然繼續地進展活動、在世的連鎖意志、行為、思考、感情、經驗。是不隨肉體消滅的、亦無任何方法可以破壞、遂成為死後靈界之自己意志、趣向中心、而不斷地向著不知目的而活躍。

吾人以為這種無形的連續是一種抽象觀念、猶如虛空；可是侵透透在陽世人身上活動的時候、吾人不自覺而已。因為吾人是浸沐在大自然的自性中、不知其死者之靈界神識的真實存在的緣故。吾人根本沒有透視異界的官能、惟是能覺受到亡者與吾人之結合點而已，如有鬼通的人，異界之靈識的思想形式是會在某些頻率較弱的陽人心中表現出來，這時陽人變為雙重人格、後來一久可能會同化，如其死靈患有癌症，死後仍有執著意識若被其同化，此人後來亦會罹患癌症之慮、甚至其氛圍氣所波及，周圍的人們亦會受其影響，所以世上的啟靈是危險的。亡靈之氛圍氣圈如石投水，水成了浪圈、而石不自知、只覺周圍為之破壞一樣：亡靈亦不知自己在世時之所作所為、思想、波及人間界的影響，如投石入水一樣地由小而大、變成漩渦圈、將在世的生活、行為、思想會去影響社會、波及人群的精神深處。去佔住他人的心中地生存，惡者激起惡思想而戮害社會、善者會喚起慈悲博愛的精神而拯救人群、自古聖賢的慧命是常存於億萬信徒的精神中、且不斷地將其波圈漸次伸展。擴及全球人類的心中去成長法身，祂的生命因此而長生不死、真善美之念波是光明而強烈的，所以其伸展之能力益加茁壯、其願力無限故、將其枝葉佈滿了世界，這都是聖者的人格發端，其德乃隨吾人之人格而生長繁衍起來、則成為吾人不可思議的自證法樂。

最初聖人的綸音，涉入當時之信徒的識田中、與無限的冥加而延伸至全人類、繼續伸展至於無限的未來際。

聖人不死、其慧命則永存於宇宙間、其功德侵入吾人的精神以至生活作為、創造吾人的絕對價值與喚出無限的聖愛，而吾人不識不知而貪名自私圖利、的確是有負聖意，甘墮為毫無價值的生存，僅殘留其盲目意志為死後輪迴之核。人本功德具備，但富翁若不節儉、其所經營之事業積聚亦會坐吃山空成為貪者，人雖有不良的宿業、貪人努力亦會儲積財富、況乎善惡之業力，是死後之享受物，為死後苦樂著想、現世之創造是刻不容緩的，吾人現世生活之謎，皆因沒有探究其理所致。以致在世上多作惡行、死後的神識會在人間留下一種污染、為人所厭棄，那時的靈知其生活必很孤獨、無聊與苦悶、不知如何苦下去呢？所以人死後的生活是不可忽視的，未來際之幸福生存之創造、乃是聖教的理智之伸展、這種生活意義、不會被外在的現實上之毀譽所左右，這種生命人格不是去天國、地獄、亦非有進退、亦不靜止或被世間之生滅而爆散消失。有其正義與真理之人格存在、若果現世被戮害亦無損失、僅為經過分段的現象死亡之厄運後、亦可更昇華地在人間活躍、以宇宙的真理而大築其道德堡壘。

人性之善與惡，是直接造成死後的享受問題的、在世中要誠實，精神要保護得勿使受傷、現在的靈台若果受傷刻痕、將來死後亦仍帶著創傷不能拭掉的，現在一念無明、死後亦仍無明；在世詐偽邪惡、死後與真善美的靈界神識是無法合唱康樂曲的，那時就會感受不調和的痛苦、這種痛苦永無休息與寧靜、善良的人其單位已成為大我自性而水乳交融、承受聖人思想而昇華、世人大多還在苦海波濤、而在六道中流轉，其疣在於謬見、迷信觀念自他為惱、由於觀念錯誤所作諸惡業，誘導人類痛苦所帶來咒詛的加持，以至妨害死後的幸福，飲恨諱莫如深。其虛偽、邪惡、鄙俗的波長之無限相續中、慘遭真善美的正義光明所淘汰，會益加懊惱而增加惡業的勢力、因而致使自己淪於破壞與墮落之境，遂成為朽穢的微塵，殘留世人之精神中、變成萬世的魔羅。但是善良之心人皆有之，不可以將錯就錯、反省改惡從善，能夠獲得消滅罪業、滌除精神污垢、猶可長出真善美的苗芽來。人們若能體愍其神識之悲哀與苦惱、即會為之修善忍辱、而勇猛精進去鍛煉、成為潔白無垢的業識，去享受死後的幸福生活。

死後之神識與自家之影響

人類只為一個目的而用多種手段、宇宙的德性只是一個手段去創造多種目的。植物只為自己的存在而生存，為風而搖、為光與氣而吸、為繁榮而衍生香味與色彩，不知它的存在價值，亦不知它是光線、空氣、水分、土質等之化合物、是地上之因緣業力的必然產物，它不知其使命，為大地而蒸發、呼吸，為地面的美觀而穿綠衣，為人類動物而供綠葉與果子，為美化文明世界的一切動力以及樓房家具用品等而生存的，乃至人類所有行、住、坐、臥、上天下地入海的一切器物所不可缺的材料之源的重大使命；植物是這樣地生存著。人類以為是獨立而存在的，為享受而生存、為自己的肉體與精神之苦樂而生活，殊不知肉體是因緣所生物，是其往昔所造之業識旅舍住宅，是共有性的，其他的旅客亦可以進入居住，而一同結合發展，起了各種作用來構成人之感情思想因素，亦有創造死後的高尚生活意義存在。人類的精神是自他結合物，同時亦是覺知的法性所有物，所以是共有的。你想：自己出生的時候，有什麼常識、感情、學問、思想、藝術、理智、道德好壞等等呢？這一些品德都是後來承著現行眾多的客來品摧動自性絕對力所恩賜的。人類一經出生，即具有先天的業識活動力，與因緣業蘊合作力來支配精神的一切作用，才能知覺引來後天的色彩、音聲、古今聖賢人物遺留之文學、藝術、思想、道德、禮樂等等，由其本能之好客而攝入，侵佔了你精神的一部份，才會成為現在精神共同財產，故一切都是合作性，都非己有而是共存的。

但是這些精神共有物是宿在大宇宙理體法性上的，由這理體本能推動你才會發生了感情等行為，這精神思想行為是後來客體的附著物，如一枚玻璃片上染了各種形形色色的不同色彩，或美或醜構成你的現在精神作用。這不但有不可見的先代之高尚靈智，還有現在的一切人類之心靈，都在侵佔了你的自性靈台鏡面上，眾多的智慧互相交織，連結成為你的一切行動，若被邪惡虛偽佔住你的精神，你就會做出邪惡虛偽的許多事情來，若被靈賢思想佔住多了，就會做出救世事業。吾人若能自覺被其惡靈侵佔，就會妨害到現在生命及死後的向上生活，即要設法將其逐出，像人們發見被玻璃片上染垢時，就須趕快拭去，否則會在你的精神上擴大起來，直至污染社會毒化了思想。

吾人的善惡行為思想，互相交織下成為一個集中點，便成為死後生命的胚胎，猶如果子的核一樣，其皮殼果肉雖被棄掉，其核子還會創造後一代生命一樣，其好壞盡在這核子中蘊藏無遺。由此可見精神不單是一個，而是眾多的客體集聚一起的共同作為，但是其自性理德是如同玻璃一樣，是透明而潔白的。

果然自覺的人們，可擇擷那些真善美的客體去停留，而鄙去那些邪惡的客體，但是這時的主客觀念必然發生戰爭，一場決戰之後，或勝或敗，或是兩敗俱傷，便是決定了你的一生運命，甚至成為永恆的苦樂關鍵。為了未來的幸福著想，要發動獅子奮迅三昧之雄猛巨力抗衡，才會有偷天換日的特技去奪取天地之正氣，把握了宇宙真理。

善惡的戰爭一發，吾人唯有觀定自性抓穩中心，大敲戰鼓支助善念振奮神力，才能打勝仗，這是修羅與帝釋的爭奪戰。唯一可靠的助陣者，即多親近善知識，遠離邪惡，精神才能獲得眾多善念的攝獲。迷信的人較容易遭邪見有隙可乘，好鬥的人會引來好鬥的兇神惡煞，善良的人所引來的心是聖賢君子，所引來的善惡加持，是決定人生之榮枯與成敗，焉可不謹慎？一家之主若得引攝諸多善知識，家族就會和睦發達，引到惡徒邪見者，其家運必定衰敗中落，擾亂得你全身及眷屬都會雞犬不寧。

善惡間之雙方爭奪戰，若無勝負，則必各據一方，各佔一個據點，便成為雙重人格，惡業的一時不取勝，亦可能乘機攻取其大本營，先下手為強地抗制吾人心中審判官，任其操縱而致被迫陷入無間地獄，受苦至無盡之境呢！那時惡業識亦與人之自性縛作一團，如燈蛾戲火一樣地自尋末路，那時它的妻子被它的苦痛之所影響，不但家庭不安，病魔纏身，死後在靈界亦無幸福可言。

死後之業識對人類的影響

人們的善惡業住宿於心靈中不僅一個，而是眾多千奇百怪匯成為一個大營集體，互交變為各類象狀，或為信仰，或為真理，或為道德為等等善惡思想，而羣策羣力，領導或被領導於整個精神系統中，使其各自為謀，據業為生。但各人的思想感官各有共同妙用功能，如有一個觀念為共同所認同，即會演變成為全國性而侵入全國人民的精神思想。如整體億萬信徒皆同信於一教，上至領袖下至軍民，皆有同仇敵愾思想，這種同心協力的偉大鼓舞動力乃是勢如破竹的，無堅不摧，無攻不克，無戰不勝的。這種羣體協力的思想是如天降雨露，潤澤草木一樣地侵透入於大眾的心靈。由於人羣之心靈的共同思想之結合，會成為靈界之共業，現世的人們亦將此取之為自己之作用工具，與新生的觀念合流而波及社會遍入人類思想，終於變成冥陽兩界之精神共業形相，錘成一種氛圍氣。

上述這冥陽類似的業感在人間界風雲際會而結合成長，依其各種不同要素而互相決定，使其倍增潛力，各由其最初各別所宿之人間社會、種族、國家等意識，亦隨之而同時成為精神的共同財產，互為消長其優劣之勢。所以靈界的生活狀態直接於人間之一切成敗行為，互相提攜而不可分離。人間之生活思想如果苦痛，靈界之感受亦隨著苦痛難堪，好壞之氛圍氣完全是人間界創造的，人間界之社會文明、科技進步，使人類進入其他星球的智慧，獲得大調和，這不外是浸淫於人類生活中的無數「善業」個體集團之生長的偉大精神勝利之氛圍氣所使然的收穫傑作。

利己主義的人在中心而不見邊際，而在邊際而不見中心的小我短視行為，怎能運化千古不易的真理，到是邪不鬥正。所以我人要明白瞭解全體宇宙之心靈狀態，通達徹觀真理之運化，養成高尚的業識，普遍於大千世界，寄身於大我中心來運載人類之思想進入高尚境界，因為造化是無常的，在互相親善而調和的業識以外，難免有性質不和的惡業從中攪亂，但有宗教、政治等來止惡揚善，結果惡業亦敵不過善業而自取滅亡墮落，如此下來就會變成純淨白業性，這完全是靠宗教之邪正，政治之好壞來決定。

善惡思想是以人類公約來論的，但其各國各人因其需要看法角度不同，即有各種思想體系之爭，宗教之傾軋，帝王黨派之爭，國際戰禍的發生，人類應以大宇宙之真理前提來定其共同遵守公約，可是往往為一己之思想而忽視大同，為自己之名利而煽惑視聽，大都被其驅使而盲目去信受妄行，誤信那些憎惡、憤怒、暴躁、恐怖等的不良邪行，而引致自他陷於悲慘的生活中，像羝羊觸藩一樣被惡業所鞭策，所奴役、虐待，苟延殘喘，任其擺佈！

有些人已覺誤入歧途，有意做些革新運動，但都為其利己主義的勢力抗制下力不從心，有些人考慮到整體大調和而奮身脫出魔掌，承受真理的方便啟示，遂因而變革者亦有之。惟這些事實都在於宗教信仰或政治思想中可以見到，不過僅限於少數人而已。至於全人類之大目標的改善，仍是徒託空言，畫餅充飢，不務實際，不能與實際需要融洽，止於自己或部份的利益者實佔多數，所以這世界上之各民族、宗教、政治間所發生戰爭，不易抑止之主要原因。但考古視今，宇宙中的業風在共業造出紊亂時，必定會有大善、大勇、大智、大犧性者、大覺者出來領導。為人類之幸福和平，惟有將一身生命奉獻給塵剎的誠摯者，方堪負起其使命，這種人物如果現世中不能達到成就，其思想亦會留作萬古典範，這種精神不妨等待在來世中，再接再厲地去完成其任務，這種願力是偉大的，這種人物一定是宗教家，這種人物的靈識在靈界都是已經昇華的，都是善靈團體的領導者，它一下凡，其他的善靈亦會一同出世來扶助其使命，創造冥陽兩界之幸福。

人間與靈界的交通

死者與生者之業影，在相關與互不相關的情形下而相感者有之，或只在一方不能互知者有之，這些事實都令人不能探究其堂奧而獲知其秘密究竟。總而言之，冥陽業影的相逢則是業識（念波）的相感之謂。令死者喚起存在與覺受，生人僅以意識觀想其亡者處身於何境，這是冥陽相會之最好辦法，亦即是憶念死者生前之容貌相狀，誘令死者的意志趨向於生者，例如將針刺激身體某部位，令其注意集中該處一樣，生者用集中觀想力，可使亡者喚起神識集中力，其當處即可感應靈交。因為死者的靈界生活狀態是它在世時的生活狀態幻成的，所以生人憶念故人都是憶念其在世時的生活情況顯於意識中，由此念波反應亡者的蘊識波長，陽人若是腦中的念塑材質多者，即容易幻起亡者的色相幻影，其幻影之殘留時間長短，即視乎其專注力如何而定。人憶念生人亦可以一心專注去刺激對方形相之某一點，或憶念舊誼，或憶念仇恨，即對被憶念者亦有同樣的效驗，所以超度亡靈，或加持消災，咒詛降伏，均由此理則來發生效力。不會感應者，是因為憶念者有其肉體的束縛，身見執著，精神不集中的緣故。

死者已經脫去了肉體的束縛，但是未解脫的神識會時常引起往事尋回它生前的住處，或關心家人，它因是未解脫的苦受神識，所起的念波會加持到家人，令其家人生病或不安，所以在其生前住處，或發生事故的地點來憶念加以刺激，即其喚起感應力必如響斯應。

人對人之間的彼此感通與人對靈界之道交都是相同，有人不信靈識的存在或否認冥陽的交涉關係存在乃是謬誤的。一般信為亡者有一定的住處，或住於天國，或住地獄，如有親人朋友意外地死去，意欲相會而遍走天涯去追尋都是枉然，死者的生活世界是它生前之識蘊幻成，若非解脫的人是苦樂不定，它的蘊識波長像電台放出的波率一樣，靈界眾多的靈識都編織在這空間，只你的收音機指針與它的波長相同就會收入一樣，你若要與某亡者相會，亦只依賴你的內在觀念來鈎召即可實現。

若要擴大周知冥陽兩界事，那，就是修行專家才能做到，他的精神必需進入宇宙大靈的中心去，所謂放即彌六合，退之即藏於密的工夫。

有個很孝心的人，在庭園中觸景生情憶起其亡母，忽然看見母親抱著嬰孩在其庭園出入，便自嘆起來，本來以為尋母要往西天或地獄，這種想法實是癡迷之至，人們想念亡靈，假設在某地方，是否與生前一樣貧病苦痛，如是憶念，亡靈的神識已經被你的念波幻成苦惱世界了。

你要是想念親人的話，你必需一心憧憬著它生前與你一起時，你對它的孝順情景，不斷地與它喜歡的心情相融如同水乳，果能把握到這要義，你就能與亡者開始進入天涯咫尺之心靈交感生活。(此具有甚深的佛學妙理，特別在此一提)

假如你是中國的佛教徒，能用美麗的牌位來祭祀它，妥備美味適合它生前喜愛的供品來供養，宛如生前一樣地在一起，時常憶起在生前的某些最快樂事，想它的衣服美麗，身體健康精神愉快，只有這熱誠去憶念，亡者的生前思想就會被你的交感而再現。(切不可憶念悲哀往事)，亡者就會得到安慰，即可在你的心靈深處定居伴在一起，那時即是生人與亡者得到共享天倫之樂了。

此後只有如此地去憶念才能拔度它，如果不知這個理則憶起它的生前苦痛，即會喚起它的苦痛意識，反害亡者的靈界生活，同時與生人交感的結果，生人亦會被此而影響自他不利。

人們不但為自己有利，亦必需創造大眾有利，如果只觀念自己親人昇華，時而發出怨恨他人的念頭，這種念波亦會收入眾多的怨靈侵略你的靈台，因寡不敵眾被戮害。

應觀念自他是一體的，惡人是創造好人的恩人，因玉在石中才能顯出玉的寶貴，所以要感謝眾人，有此觀念即會喚起靈界怨靈之神識改造。吾人在現象生活中亦要多做好事，舉辦慈事業造福人羣，由這善念與冥界善念打成一片，製造社會的善良共業。人若在世樂善好施，即死後會被眾人之好感稱讚的波長所加持，會更加快樂昇華，若果在世作惡自私，死後被人咒罵的怨氣所加持，就會生起了可怕的情景，由生前的各種壞思想之業識的組織下，就會幻成地獄苦景，環境四周充滿了叫喊的悲聲好像萬箭穿心似的！這種惡靈的波長在空間，吾人若果一念糊塗生起如與某些惡靈波率相同，遂而被其侵入，作出相同的行為，世之殺人搶劫行為多為此惡靈所憑依，一旦返悔已晚了。

善惡與正邪是一念之差，禍福無門唯人自招。偽善作惡的人死後因被人之咒詛的念波所加持，會造成無間的苦受，這是自己唯識所現與法界念波交織所顯的一面圖紋，宇宙自性如線，自己的善惡念如案，眾多的加持如色彩，所織的表現各有不同，人在世上若果清白，雖一時被人誤會，但死後會被人發覺還他清白，絕對不會傷其業識的善報。由此觀之人間與靈界的交通是非常密接而互相影響的。

凡屬替人家撥度亡靈，或祭祀祖先都依此原理而成立，知此要領則亡靈定會現前，由你的讚頌念波所加持下，享受無限的自在法樂。由此法樂的波長的冥陽交通而生人亦會有莫大的功德。無論何人在死亡的情景當中，人們為之祭祀時，千萬要切記，禁止作過份悲哀號哭與忿恨，若果過份追思其生前的慘痛不幸事情，就會導起亡靈舊戲重演，那時亡靈的慘痛是無以復加的。亡者一旦脫離了束縛的肉體，成為自由人的階段以後，都不知自己死亡的歷程，你就當他如生人一樣，儘量憶念他生前曾經與你在某時某地，做過某樁最快樂的事情，若果他是佛教徒，即觀想他成為佛菩薩一樣，浸在佛菩薩的紫金光徑圈內被其吸住，成為佛菩薩的眷屬懷抱，這樣方為妥善之舉，在宗教中以真言宗的度亡法去超度亡靈，及一切念識的安樂解脫，或施食慰靈，乃是一種最理想的宗教儀禮，亦是特技藝術。

人死後與別業的關係

靈界的亡者與現世的人間相會交通關係已如上述。人與人之間現世的思想意志，要是能夠志同道合的話，不但在靈界可以相會道交，且能彼此結成一體而生長起來，其形像乃是成為大共業之共同肢體，彼此間由同一意志成為一個意志。如亡者之意志與生人的意志相符，亡者之蘊波會宿在生人的意識中居住，所以生人之精神思想是眾多的精神思想之集聚體，死後脱離了質礙束縛，這些思想意識是聚集一起的，不會像宴會中的賓客，散席後各自去單獨生活，更會被思想意志相同的業體迎接去作為共同肢體。

如信佛教的思想而共同活於人世，死後則會被其同一大思想靈圈所吸，成為佛光體性的某層次部份，歷代有道的高僧，死後的意識光徑因相同而同類相翕，住於相同的理想境界同證某果。所以吾人的思想意志必需與佛陀無異，方能蒙受攝受，否則會被他種思想相同的業力吸去，思想等類不同故，有些被天道，或人道，或畜道，或修羅道，或餓鬼道，或地獄道吸住，形成各道的蘊結，雖然是共同組織，但各有單元業能，由其業能的趣向受報，轉生各趣異類，唯有真善美的白淨識才能與佛的光徑相涉融入，瓦解各道異類黏力單元，才能證到無生，以免那個單元不斷地輪迴，人人各有善念，卻是間雜著虛偽、悖戾、腐敗等不足取的思想，倘若能夠一念之間一百八十度的大轉變，亦會被其自淨光攝受，所以臨終一念亦很重要，平時吾人的善念確實比惡念弱，有時不如意的時候會發生怨氣，善有善報的悔意，這時的善念好似離了吸力的磁鐵，被惡念吸去，所以善念的信心都要培得堅固才成，像輪胎一樣不得有污穢間雜，否即不久就失去黏性，若善道力堅強就永遠不離善道了，這種善念功德力若被白淨先攝入中心，即隨著佛的淨光合作波及十界成為智慧的光芒。

靈識界不是獨立的個體，它好像一株靈樹，其根侵入理體枝葉向空中伸展遍及宇宙，凡是高尚的神識，如佛菩薩等聖賢即成為其中心主幹，枝葉即如其他六道眾生，愈善愈近中心，整個合成一體制，其位置似有差別其實平等，眾生各各都有高等神識的靈脈通達著，都是浸在大靈的法海之中，故惻隱之心人皆有之，不單是人類，動物亦有之，牠們都具有母性愛，不過其理智觀念比人類狹小而已。人皆有良心，懺悔心，有愛心，誤入歧途的人因一時差錯，終都會懺悔的，吾人有修養的大德，必是涵容大量的，對於犯罪自首的人要是已往不究，好好加以引導，令他們的思想入於大靈中心，用溫暖的淚水去洗他的殘障，用慈悲的感情去迎他入於你的懷抱，彎曲的竹加熱來正之然後湅而固之，這是你最高的聖愛，這種美德是你修養的無限價值，所謂的哲人，肉體雖未死去，他的靈識已經成為大靈之主幹，他的現在所作所為皆是它的業果，德被冥陽，身口意之所作都是與宇宙大靈合作的神通特技。

現世與死後的生活

人生在世具有內在與外在的兩種生活方式，外在的生活是身體的事業行為，語言文字，為一般人們所看得見的。關於內在的生活，是理智、思想、感情、道德等善惡觀念，是只限於自己的，外在生活之好壞，我人可以追蹤其業跡，內在的生活乃是不可見的內心所變感受，因此而是不可捉摸的，但是其外在生活之核心還是根於內在所伸長。其內在不僅為外在生活之原動力，亦為死後神識生活之主因。人們腦海中所發出之思想意識，在空間伸展成為念波傳遞不失，好像器物之音響傳播空間相似自中心向周圍展放，在其本身則會在其內體上，如銀幕的影像一樣，顯現其美醜等氣宇出味，例如心中生起歡喜念頭，其面容就露出喜氣洋洋的氣氛，但是吾人僅知其表面，多勿視其內心深處之無形的潛在動力，亦如極微之電子震動使其波長傳播無異，一般粗笨的人當然是不能蠡測。所以人們之一切外在之動作，皆是其內在之心性神識之力所發出的妙用，並且波長遠播影響遠近。人們在日常之生活中都受了冥陽兩界的念波之加持下，彼此交織重重環結，人們亦不斷地從神識中陸續放出波長，如燈光相涉無礙地共同創造現象生活，以淺現看來就是社會之信仰觀念習俗禮儀。設若有人住於荒島中生活，沒有接觸社會之共營圈的波長內所加持，他的生活方式與思想一定乖異野蠻，假使一時加入生疏的社會之不同生活，即會感覺不習慣，但人類各有相同之感性而賞美的德性，故慢慢就會被其社會氛圍氣浸淫就同化了。

在眾多的念波圈裡出生的嬰兒，若果出生不久就夭折，其意識不會與死亡而消滅，只有一瞬間活着，亦會被周圍之氛圍氣所加持，遂成為它的靈界生命，故人們在生活當中互相要創造真善美的業風，不但能為人類創造幸福，亦會使靈界的亡者善生，而被高尚神識所攝引。

人類的精神內容是眾多神識併合體變為自己所有，但當它死後就會明白其生前所具有的感覺、理性、想像力等記憶之傑作而所匯納儲成的精神寶庫（我）都是永遠存在的。這互相交錯關係的過程，在我們的現實生活中無法悉知，只是從其思維中炳然一過而已。在生活中僅是將一要素去招引另一新要素，來結成一種思維，雖一時出現光明，等到事過境遷，亦難免會復歸於黑暗者。人們的生活如同靈界中的過客一樣，縱然其偶然的行為，雖有表面的事態去推論其道理，可是如果離去了思維的燈光，那就被其無垠的黑幕蓋覆，而失去了寶貴的靈覺性之存在了。這種偶然的行為是屬無記性的，但是行為的前提若具有計劃性的思維，不論作或未作人死去後，其宿泊所在雖然矇了肉眼，但其神識的本身，經過一段時期，卻如同曙光初露，那時內在的中心點，如同太陽般地燃起光芒，照耀著自己的內性，同時內性的心眼可以透徹地照明於大千世界，而瞻矚萬物如指掌，在世所忘記的一切都在眼前重現，而作為其靈界生活之所需，此時亦不須擷集，亦不勞區別，不必區分其特性，一見便可明晰。至於那些急於分析自己內心之矛盾、調和、及其聯想、分辨等心理狀態，即會如人們服了麻醉劑昏死而未死的精神狀態。高尚的神識如飛鳥翺翔，亦如神力似地輕鬆飄逸優悠自在，在世時之必需的肉體感覺，判性及有限之精神構想，都全部消滅，那時自覺那個有機體只是束縛而多餘的，這些發現情境，亡者蓋加體會肉體之不自在感，的確在神識的新生活看來，肉體是那麼不完全不自由，一生中為了生活而奮鬥，勞心費力真是不值半文錢，至於神識的本身是一切具備齊全，而可以直觀，可以直接隨心所欲去享受的。

人們皮肉雖滅，其神識之擴展反而無罣無礙，絲毫沒有一點拘束，進入靈界之新生活是不必擔心自身之有否而生煩惱了，本來為了生存的煩惱苦痛亦將終止，只由神識之蘊聚所顯現的苦樂感受而已。總之高尚神識之生活是直接而超越的。

現世之生活的幸與不幸，乃直接與靈界之善要業力互相加持所結合的結果，如吾人精神內在所引起的思想直接影響肉體相似，人之業力與靈界之業力，亦自然互為加持發生作用，人類組織中若惡業多，即與靈界惡業互為加持，成了惡的共業，在日常生活中發生天災地變戰禍瘟疫等等不幸的後果，人群社會善業多即引合靈界善業，獲得風調雨順，社會人類少病少惱，這些冥陽神識業能之互相作業，是同類相翕而同化的，不必用祭祀祈禱的手段去謀合的祭祀祈禱的手段是用來號召大眾之靈識集中力量的方便法，識能之間沒有阻礙物，這種聚合是直接而又是甚為秘密親切。

人之在世邪偽罪惡等思想，它的現象雖然隱沒，但是一經死亡，它的思想行為絲毫不紊地在靈識中展現出來，又更加靈界惡業的互加下，無法自主去脫卻其境界。

可是在世潔白的人，有時被人誤會，死後它的靈識都會被善靈攝受入於大靈中心不被壞的業風搖動，不淨的業識都像宿於靈樹的枝梢，不斷地被業風搖擺，幻出陰影，感受切身的苦痛，如斷了手足，難於自如。

吾人若要脫離惡道，必須遠離邪見，才能夠享受高尚生活。凡屬善良的思想其性像水一樣，透明清晰潔白無污，有沉澱穢垢之功能，一旦遇到惡業侵犯亦無妨，自然會隔離而昇華，脫離險境臻於新的運限，創造未來的新生命。

靈界的自由

有情不但有精神作用，還於自然界的結合，成為一體制，吸入空氣、水、土、冷熱及其他元素，進行新陳代謝循環不息，內在的精神亦隨之而發生思想，這不是二元論，是一元的多重宇宙之組合體，不論動物、植物、礦物都相同，因具組織器官不同故發用不同，如植物礦物沒有感覺神經所以不覺痛癢，動物的組織亦各不同，故感受不同，唯是人類組織微細，所以智識特別發達，成為萬物之靈長。好壞是相對的，享受好感愈多，痛苦愈多。人類之精神內在與肉體互為結合的結果，由各部門發生作業，由內在伸出表面，由表面之感受傳遞內面，生出感情，這是只限於身體器官的範圍，離開身體以外，聽不到，看不到，觸不到的境界就無法感知了，所以一個人的精神蘊識是其個人一生收集的經驗記憶。人類感知範圍只是從肉體的框子窗隙裡向外窺視之幅度而已，以外之世界是無法透視的。

但是一旦死後的神識是沒有肉體束縛，可以合其靈界之組織，滲透於自然界，不必使用肉體之器官去感知，它因浸在業識之塵海中，故能感受更多的一切情緒，並且在這靈界層中接觸業風飄零，如雲似霧地往來自如。吾人若果入於深定，忘去肉體的存在時，亦可以感受到欲見欲聞的境界，或親人之容貌與音聲，因為一念可以引攝三千世界於自心深處。人死後肉體已經不存在，所以具有五通之能，的確是完善的，在靈界的生活中，視乎生平的意念如何，能夠直接感受大自然的光明與無限的念波，其感受即同於在世之行徑思想，各人各別的感受世界。人在世之思想波長是未來靈界生活之資糧，死後之行動雖然自由，但是苦樂的感受世界卻不同，宗教之所謂十界，是指心靈之感受世界而言的，有其境而無其所，有肉體與無肉體的感受世界是相同而表裡的，有肉體是苦樂感受的集貨場，神識是其蘊藏的倉庫，肉體器官是攝影機，記憶蘊識是底片，在生與死後都不斷地翻影，只是在生多攝取而已，收放都是依大宇宙的識大為鏡頭的，不攝不放就沒有境界了。但放影是可以的，不可執着以為真實就沒有苦樂感受了。

收攝亦是可以的，不過不要收攝那個壞境，死後惡境就少，多收攝美境即死後好境就多，所以佛教設有觀想極樂國，或莊嚴相好，外多作布施、持戒、忍辱、精進、禪定，收攝美境方法，到了靈界的神識不但被大靈中心吸住，與諸多的善靈互為加持下，益加廣其視野，這種新視野並非人間肉眼所能見識的，除那修煉成就的高僧以外世人是不能蠡測的。

地球或其他天體中的星球，都是大宇宙自性法海的一滴，成千成萬的星球都受大宇宙自業能所支配，互為加持共沐其間，吾人因為這自私的觀念，生活於跼處之小世界，被自私之惡念蒙蓋了慧眼的盲目生活，可是不久的將來是會進入靈界中生活，故必須充分的準備，將靈台洗滌得乾淨，其蘊聚之黏力就是執着，大悟的人一刹那就棄掉，普通人要時時去拂拭，因為蘊聚是無自性的，唯有大靈之識體才是不滅的佛性。若了悟這個而徹底去把握，那時的靈界生活是超越的，又當體即入大靈樹之主幹，成為大宇宙之最高支配者，不斷地遵行日月，賦與萬物的生命與光明，顯出無限色聲實相，天地與我為一，萬物與我同春，亦即是大自由自在的極致。

死後神識之擴展

人類死後在欲界中的含靈，乃是住於地面空間，其他動物都是相同，是在大靈懷抱中的一個同趣之共成體。如人在社會，一切生活所需是互助共存，但吾人以為與他無關一樣，含識在大靈母體所包蘊而不自覺，其實都是互相加持性的存在，惡思想即與惡思想互為加持，善思想與善思想互相加持，融為自己的內容，然後發揮其特技來支配現象界，如發明科技等等，便成為他的新生命。

這新生命又成為靈界含識，不斷地交配而不替，但是主因業力如靈台之波長一樣，在冥陽兩界雖交織而不紊，成為輪迴之主要動力，視其吸收因素之勝劣，遂成為出生現世之賢愚與遭遇，例如織成的布紋之美醜，思考圖案為主因，識性是色線，編織的成品是人之賢愚與遭遇，但是其色與線，各在其本位一點都不紊，思考圖案者人之思想也。所以大靈體中之含識雖多，各其主因是不紊的，這是人的局限性所使然，是一種人的見聞經驗所局限之閾，固執的潛意識所凝成的結果。

人類精神之擴展是有界限的，人體為意識的支配下活動至一定的限度時，意志即告消沉，愈勞動能力愈弱，而止於限界之下，於睡眠時失去主宰力，任其編織而成為夢境。醒覺時思考力至於限度下，還會恃甲觀念轉於乙觀念，交織後殘存於意識內，或者成為無記性地消失，都是人類意識極限的緣故。

但是識蘊是一種無自性的潛意識，執着於大靈之體的影跡，大靈本身是沒有局限而是遍滿性的東西，不會被其他的惡識性拘束，人的靈識若果潔白清淨，即與大靈全妥協，如小鳥乘於大鳥之背上一樣，可以飛躍到了天空之際，其精神如日光一樣，波及大地為世間貢獻真善美而擴展其功德。

或有人疑問：人類動物要藉類腦筋來思考發動其微妙精神力量，死後沒有物質腦筋可以活動，怎會發生靈動？吾們要知道：物質本來是空性的，與靈界一樣是一種理德的幻成物，百川入海同一鹹味，靈界與現象界一體，個體之形成只是其業性，吾人有了肉體而被迷住了，現象之內容或構造與大靈當體相同，是大靈當體之顯現，這是自然律，一切都是宇宙當體之活動太素，不假造作，生滅自如，是一種幻變神通妙技，生亦不是生，滅亦不是滅，是不生不滅。植物還是有靈識，會吸空氣、水土、日光、生長開花、結子，只是沒有痛覺神經組織而已，它有精神，未成熟的果子就發出酸澀之味，成熟就發出芬芬之味，又喜愛它的心情去對待，它就會放出美麗喜悅的光，它有貢獻與保護的功能，如其身脆弱即會生刺來保護，像花類因貢獻人類而生香與色，並且全身柔軟婀娜多姿，一切都是具備了它需要的條件，這都是宇宙大靈之傑作。

有人疑問：人死後的靈體是生前一樣的形相或變怎樣呢？人死後是無所不相的，是由你的靈識想什麼就變什麼，這種業力不但在靈界，會成為未來的世間之相，嗔怒的相之業識，轉生後亦會形成嗔怒相，所以在生嗔怒性死後亦嗔怒性，又出生都會相續其嗔怒相與性，平常觀念慈祥的佛或菩薩相，塑造心靈的性相，死後的相亦相同，而轉生世間時亦會成為好相，但是物質是新陳代謝而無常的，初好相，若果緣了惡念即會變成惡相，故要時時展現美好的思想來塑造好相是必要的，善良的人必定相好莊嚴是不可否認的定律，三界唯心，萬法唯識，一言破千古，所以現在之好壞的意念，會影響死後之擴展並延續不斷地感受苦樂。

若果免於延續必須停止其意念，將其底片完全深藏，重創其新觀念，精神集注於宇宙一元，工夫做到純熟再不被舊意識支配才行，這就是大死一番（舊意識）才有大活的生命，這新生命的開始是現在創造的，並非什麼上帝賜給你的，並非佛保祐你的，這種死後之神識之擴展是永生的，與宇宙同體而與萬物長青的，這種精神思想波及遺愛世人之精神中，亦是神識擴展之一面意義。

神識與現世的門戶

人類的意識，當它在世間擁有肉體的時候，是周遍於全身範圍，等到它死後肢體軀殼腐朽，它的意識就收縮變更位置。現世的意識因被全身器官所支配搖動不寧，死後僅是將收縮的蘊結飄出軀殼，由此蘊聚紓展生前的經驗相續輾轉而已，再沒有新鮮的事情可以發生出來了。雖然它的含識可以自由伸放擴大，瞻望瞭闊，可含納生前的過程，而沒有與現世不同的世界存在。現在人們當他入了定，亦可以感見未來的發生事項，死後的神識亦可以感見，因為現象界要發生的事項，已在靈界漸漸地蘊成，後來顯現於現象而已，但神識所能感見的各項，不過是基於現世為原則，其識神之一切享受是與現世行為平均的，現世人不過看不到死後的情境罷了。

這裡所謂門戶「靈眼」雖死後清晰明辨，生人亦可以用禪定的工夫去大開眼界，禪定若入到「空無邊處定」隱能一睹廬山真面目—（現象的行為思想比例，不過略為比擬而已）。人們若能令現象之精神活動靜止，顯出其本原自性，而使其舊有的意識深藏，此際就可以與大我合一，當體現成。這方法即在日常生活中常觀自己是大我之一部份，養成其意識，閑來靜坐少時如是觀念，臨終時亦復如是觀念，深信無疑，即現生成就，死後亦成就。

因為大我是宇宙唯一的靈體，具足萬行，有聖愛，熱誠，服務的美德，吾人若要被大我攝受，則需要力行大我的美德思想，大我與自私是唱反調的，所以人們要多做公益事業，一切行為以服務為目的，成人之美為職責，俾使心靈純善，不為邪見惡識隨處入犯為宜。

靈界之惡靈是會憑依邪見自私的人身的，世間上多被惡靈（邪靈惡鬼）入侵變成神經病，因其惡靈侵入人體之意識變成雙重人格，精神動力發動腦神經，起了幻覺，精神恍惚，其實沒有什麼一個神或鬼的個體在作弄，只是惡靈的波長雜交，如收音機不正常收入雜波一樣的結果，所以吾人的精神思想像收音機要保持真善美正常才行。

你若遇到被惡靈侵犯的患者，你不要怕，要觀想你自己是大靈之化身，放出強烈的慈光加以衝破其黑影，其黑影就被你同化，其患者就會回復正常，若果以敵視的心理去對待反會副作用。宗教家是精神去支配物質的，科學家是物質去支配精神的，其實精神力量才是大，連科學家本身亦是用其精神來發明科技，而不認精神乃是有點偏見，精神宿在物體互為發用才成為活物，否則成為死物。

上述為例，吾人之精神思想所發出的念波是關係冥陽兩界之苦樂莫大的，對於靈界之交感亦比較敏感，因為靈界與現象界是同一地方，所以吾人想什麼，靈界就感什麼，人們的心內思想未公開於現象界，以為無人知悉，可是以靈界來說，已是公開了。一念生起壞思想就被靈界惡識歡迎，遂而成為你現象之不幸，一念好思想就被靈界善靈喜歡遂成現在的幸福，這是息息相關的定律、日常善念的人睡眠時比較不會做噩夢，人死後的生活感受是在世時之思想作為之潛意識交織而成，與活人做夢相同，靈識因沒有肉體支配所以比較活人率直，吾人可以喚醒它的幻夢而解脱其苦境，可惜人類難醒，靈界之蘊識擷集亦是心，人類之思想發端還是心，所以出入門戶都是心，因為一切觀念是組織性，是無自性的，改造與否只在一念之轉而已。

人死後移入靈界

人生於世，凡身是無常地代謝著，由其宿業來維持其生命存在，正像混凝土的黏性吸住其他物質在一起一樣，看它所用之水泥多少度數，來決定它的生存時間之長短，其力一失則自崩潰。這裡所謂的力，即是業的組結，這種組結雖會開解，但其業能之內容之記憶、感情、善惡等各種行蘊，離開肉體後還是繼續活動。

肉體的器根構造到了死亡，即失去業力即漸行破壞，最初眼耳鼻舌身的活動意識，遂失去了世間的光境。這時粗笨的土質成分溶入水質，失去繫著性。其次水性化入火性，那時會感覺乾燥。其次火性化入風性，其體就失去溫度。其次風性化入空性，當時一切知覺就停止。最後就收入潛意識中入於靈界。

若是善的意識就被高等靈識吸住，溶入淨光中，至於不善的意識即會被惡緣吸住。在業能未集中成為點的當中，其苦樂懸殊。於一息不來之際、外的識界剛收入，當時內的意識尚未離肉體的半小時內、常會生起一次覺醒狀態、謂之「迴光返照」、恍惚間看到像夜月之光的境界一樣，其內在的意識感覺像煙霧般的白彩，這時平常有修養的人就有放下嗔恚的意念，有這意念發生，外就會變成如十五夜月光照射的覺受。內在就感覺好像青色的熒光，這時有修養的人就會生起放下貪欲心的念頭，那麼這念生起，就會轉變其外境如同月蝕一樣的境界，而其光漸漸弱下去，就像日中的黑暗淡光，內境的覺受就像玻璃或薄幕蒙罩的燈光，這時要放下一切愛欲的意念，不久就會進入光明的境界，外的感覺猶如晨間曙光，內的感覺猶如無雪的秋日晴空一樣。此時幻識俱皆消滅，為之「中陰初期」。若在這覺境中，不會放下世上的欲念，就無法被大我自性攝受了。

人們死後見到白如月、紅如日、黑如漆的三種光的時，要加以注意，應立即掃除一切妄念，在發現了無雲晴空的境界時，幻境已經消滅，那時當下即用自己的淨識，同時可與母體之大我光明會合。

臨終時決不可恐怖、妄想、起了愛憎、仇恨等心理，當要自思，我即大靈，態度安然自如，方能接受大我自性納受。死後不能享受清淨光明的境界者，乃是在世的惑業所蔽。所以好像受了雲霧遮蔽的暗月似的「業果光」，倘能趁這個時候除卻妄想執著、即有大空境的出現。

吾人在世必須排除妄想，時時覺知心之所緣起，死後方與其含識力活素，由其所屬業性之九竅的某處浮離出體，成為中陰惑果之靈識，被所執著喜愛之業力支使，任其轉生輪迴。

人死後在光消滅、色消滅、識又生的覺受時，能夠掃去妄想一切放下，即其含識會由肉體的頭頂百會穴飄出，直接與大靈母體相會，若從其他九竅飄出，即有六道之分，飄出之神識若發見白色之光徑者，即被天道吸入。若發見紅色的光徑者，即被餓鬼道吸入。若見黑色光徑者，即被地獄道吸入。這都是被貪慾、嗔恚、愚癡的業力所融，當時對其光徑之發見，應立定主意，保持鎮定方免被吸。

入於白色光徑是天道靈界的，天道界中的靈識可以互感相見，其他的各道亦相同。天道界沒有日月，故無晝夜之分，長在天道界似明似暗，如破曉、如黃昏入夜的光境，的確是一種好夢，這夢的時間長短是在世時之修為程度來比例的，但是俗業執重的人，往往在這期間投胎轉生。

若被如煙霧的光徑吸入，即往於地獄道。若被黃色光徑吸入即往人道，人道光徑還有不同光徑貴賤不等，若被紅色光徑吸入即入餓鬼道，若被綠色光徑吸入即入修羅道，若被灰土色光徑吸入，即入畜生道。

人死時未見淨光以前，還有四種恐怖境界，因為粗質之肉體之轉變力。在分崩的時候，有如山崩地裂的巨響，其水分的轉變力，有如海嘯的淒然聲響，其火氣的轉變力，有如大火災的烈飈聲、由其風大的轉變力，有如颱風的聲浪、其互相交加現象、有如雷鳴的霹靂巨響。那個時候急欲逃避其恐怖，即會由它的業力現出上述之霧，黃、紅、綠、灰、白等光徑，失足而奔入即墮其趣了。因為「業習」的業緣，所見不同，尚有見到強烈的發光球體、噴出火焰在前、還有狂風暴雨追逼在後，或見到一些怪形的男女形相、或見到一些刑具慘施毒刑、或見到鬼卒把人捉入地牢鐵獄的境界，因而大驚起來，逃遁入於樹穴，地洞藏身，即會墮入餓鬼化生道中去。若逃至湖邊見水面有鳥隻遊行，即會墮入禽類去。若逃至曠野見到牛羊馬類嚙草，即會墮入畜類去。若果逃至房屋地方、見到男女交合，即會墮入人道去。若逃往山山見到宮殿輝煌，即生於天道。

大概一七或至七七之中現出境界去轉生，但是大善、大惡不會過中陰，或有臨死含有怨恨執著者，亦不過中陰。

這種未入六趣的含靈，亦名「尋香者」，其靈識在靈界飄動，善者隨心所欲、飲食衣服住處都由心思顯現，如人在夢中喚起感情、行為，以時空交錯而織成美夢一樣。善者常受樂境，惡者有時會去憑依世上之惡識者，做出滔天大禍。或有怨恨自殺者，常常重演自殺故技而苦惱。或有不幸被車禍死亡者，都會時常重演其過程，帶來人間之不幸，若遇有德之士加以勸化，令它體悟因緣生法無自性，放下一切即得超脫苦境。

神識之內容圖

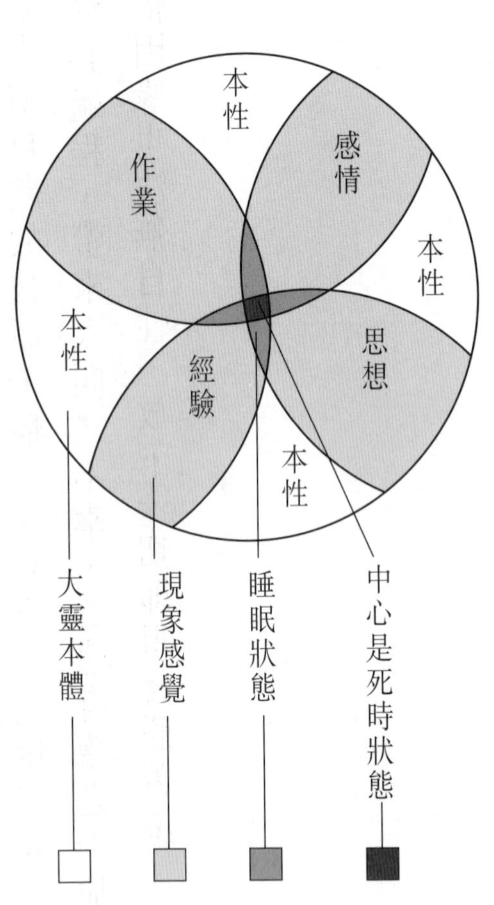

顯密差別問答鈔

顯密差別問答鈔

真言宗　教尋　撰書
五智山　悟光　略化

顯密差別之問答（下帖），依十住心論之次第淺深且論之。

一問：真言之地位是種無地位遷登說，其意如何？即身成佛義說：小機者次第經十六生成佛，是豎義也。大機者即身不經十六生成佛是橫義也。所以遲速各殊。此釋已說小機次第經十六生成佛故是遲也。仍小機不即身成佛。以知次第經歷後十六生成佛也。爾者何可云無地地遷登無初後高下乎？

答：十六大菩薩之位有二義：一者同時證。二者諸次第證也。

同時證者：頓悟之行者直證自心本有之法界總持之心王體性故，自然證得體上之十六功德，故云同時證，是為真言之即身成佛也。次第證者：漸悟之行者即依十六功德之次第證得成正覺故，且雖云成佛，不云即身成佛。雖云十六次第證得，但沒有明昧沒有淺深也。

二問：雖十六次第證，謂何沒有明昧沒有淺深耶？

答：十六同是心王之一法生故，十六是一一，心王是無異也，故聖位經云：佛德三十六皆同自性身。私云：皆同自性身者，是心王之自性所成故名皆同自性身也。又金剛禮懺云：金剛界大曼荼羅三十七尊並是法佛之現證、菩提之內眷屬、毘盧遮那互體也。又菩提心論云：瑜伽中之諸菩薩身者，皆同大毘盧遮那佛身。大日經疏第一云：由此衆德悉皆一相一味。到於實際故名集會。若少分未等、一法未滿、即不名一切衆會也。已在真言之經論中，或說皆同自性身、或說皆同大毘盧遮那身、或說毘盧遮那互體、或說由此衆德悉皆一相一味於實際，應知自性法身之心王、自性所成之十六大菩薩，皆同大毘盧遮那，故十六之位是皆同沒有明昧沒有淺深。以真言經論之說文可明白也。敢不可疑惑耳。

三問：真言之經論已說：瑜伽之諸菩薩皆同大毘盧遮那，故十六實無異執，全沒有明昧、更無淺深、然無高下。雖然現世證得歡喜地，後十六生成正覺行相未明如何可明了乎？

答：以真言三密之行法，晝夜四時（初夜、後夜、中夜、日中）精進修行，以橫而言，智智平等一相一味，無礙輪圓實智，現世證得歡喜地（此云歡喜地者非指顯教之歡喜地，是真言密教之歡喜地也）。頓集一大阿僧祇劫之福智資糧，眾多之如來所加持故，乃至十地等覺具薩般若（一切智智）證本有內證之十六圓滿月輪、三摩地菩提心，成究竟最上正覺，故云現世證得歡喜地，後十六生成正覺。證得歡喜地以去無多生隔生、一生一身之上至究竟故，亦名即身成佛。故一本之即身成佛義，引現世證得歡喜地後十六生成佛正覺文，為真言之即身成佛之證據也。又出生義云：真言秘教削地位之漸階開等妙之頓旨也。

四問：真言之地上沒有明昧者如何？大日經之疏第一云：得除蓋障三昧開佛之智見，位同大覺也，以其自覺心故使得佛名，

然非究竟覺之妙覺大牟尼位，猶如淨圓月之體雖無增減，然亦會漸漸增，乃至十五日即能動大海之潮也。此釋文之中已云淨月之體無增減、其明漸漸增、以智真言之地上可有明昧也。又疏第三云：以中道正觀離有為無為界，極無自性心生即是心佛顯現，故曰正覺之句，以深觀察故，如入大海漸漸轉深，乃至毘盧遮那。以上上智觀方能盡其底源，故曰漸次大乘生句。又此文之中已云如入大海漸次轉深，以知真言地上可有淺深也。又疏第三云：就秘密之中漸次轉深乃至佛為十地說般若，則是九地非其境界，唯大毘盧遮那得名究竟阿闍梨也，又此文之中已云九地之菩薩不知十地之境界。又云有因位果位之差別、名毘盧遮那究竟之阿闍梨。故以知真言之地上，可有地地淺深。有因果差別也。如何可云真言之地上沒有明昧沒有淺深、無因果差別乎？

答：真言之地前地上是異於顯教也。夫真言之地前者是豎義也、地上是橫義也。

五問：真言行者從初心入大空三昧、觀三密平等，雖然未證三密之諦理以來，更無地上之功能，豈此人可名地上之菩薩乎？

答：真言行者雖未證三密之諦理，若入大空三昧觀三密平等者，是修自性法身之處行故、超過十地故、經說超過十地也，何況現世證得真言之歡喜地、入金剛薩埵之正位者，即同大毘盧遮那也。故論說：瑜伽中之諸菩薩身，皆同大毘盧遮那佛之身。疏云若明心王心數之諸尊，皆同一相一味，皆悉集會也。真言密教證初地時同究竟妙覺大日之位，更無淺深差降故云從初地得入金剛寶藏也。

六問：真言秘教現世證得歡喜見道已後皆同大毘盧遮那，沒有明昧沒有淺深者，謂何疏第一釋：得除蓋障三昧開佛智見，入法明道，知自心之本不生，生大慧之光明普照無量法性，見諸佛處行之道、使得佛名。然非究竟妙覺之大牟尼位。如淨月之明漸漸增，如此釋文者，真言之地上猶不同大牟尼，須有明昧如何可云皆同大毘盧遮那沒有明昧淺深乎？又疏第三釋，就秘密之中漸次轉深，乃至佛為十地說般若，則九地非其境界，如此釋者真言之地上可有淺深也。地地有知不知之差別故。又云如入大海漸次轉深，又云處見曼荼羅愈深愈廣，如此等之釋者真言之地上必然可有明昧淺深地地遷登也如何？可云沒有明昧沒有淺深乎？

答：於真言之地上，真言之經論，或宣無淺深，說皆同一味。或章疏之釋，有明昧、亦有淺深，是大疑惑也。今此重明可決之也。夫於真言之十地從本以來有明昧淺深，有地地遷登是地前之行相也。雖轉深妙是修生之轉勝、次第之秘密故、猶是遮情之義也。真言之十地者、是自性法身之本有無垢之心地法也。此即是行者本有無垢之內證曼荼羅也。本來法爾，沒有明昧無淺深、智智平等、一相一味也。故大日經疏第一云：如來之種種三業是皆至第一實際妙極之境。身等於語、語等於心、猶如大海之遍一切處、同一鹹味，故云平等也。今就此宗謂修如是道迹、次第進修、得住三平等處，故名句。即以平等之身口意之秘密加持為之妙觀為方便，故逮見加持受用身。如是加持受用身即是毘盧遮那遍一切處身也。遍一切處身者是行者之平等智身也。是故住此乘者以不行而行、以不到而到，而名為平等句，一切眾生皆入其中而實無能入者、無處入之處，故名平等。又平等之法內則此經之大意也。又云行者以此三密方便自淨三業，即為如來之三密之所加持，乃至能於此生滿足地波羅蜜，不復經歷劫數，備修諸對治之行。若乘神通之人於發意之頃，更至所詣，不得云發意間云何得之神通之相爾也，不應生疑則此經之深旨也。若人入諸佛之三密，無不窮盡橫豎之義理神通之相如處之引文！不應生疑，都而瑜伽之中，一切菩薩亦復如是。故菩提心論云瑜伽中之諸菩薩即同大毘盧遮那佛身。又大日經第三云：又令普顯現隨類之身，而言悉現如來身者，明本迹具不思議也。加持不二，豈欲令獨一法界，作種種形耶。行者如是解時觀毘盧遮那與鬼畜等尊，其心平等也。無勝劣之想，輒從一門而入皆見心王，是故作佛事也。應知現世證得歡喜地已去諸位，地地沒有明昧勝劣高下淺深也。但一道無為心生，極無自性心生之真言門之菩薩，斷極細妄執故，必堪作秘密行之阿闍梨。故雖云淨菩提心以上之菩薩十住地，名真言之信解行地、名到修行地，所證轉深故，轉深轉妙，而豎論甚深之極玄限，是豎義也。故猶是真言之淺略也。擬對顯教故也。真言之菩薩之法明道生，開佛之知見名佛，猶如淨月之明漸漸增者，於真言門之菩薩之一道無為心生位之人論明昧也。極無自性心即得度第三劫，等虛空之心無邊之智慧，甚深之般若，已作秘密行之阿闍梨，此真言之菩薩，九地不知十地，是極無自性心生之所證轉深故，豎猶論淺深，是真言之淺略也。則顯教分際也。又云如入海轉深，又於所見之曼荼羅，云愈深愈廣等例之可知，當知論麤細次第之斷道是十乘三乘等之遮情教門之斷惑證理之行相也。又直同淨菩提心，照明諸法故，小用功力便得除蓋障三昧，見八萬四千之煩惱實相，成八萬四千之寶聚門。初發心之時便成正覺，得如來一身無量身，初位得後位之功德。猶論明昧，是法華等顯之一乘之教相也。或已開淨知見照法性之圓融，解脫一切業之煩惱時，即知一切業煩惱無非佛事。本自無有縛令誰解脫耶。一斷一切斷，一成一切成，在於一地普攝一切諸地之功德，因果無二也。始終無礙也。猶明從微至著，階位之漸次有次第行布等，是真言之淺略也。華嚴等之顯之一乘之表德之教門斷惑證理之行相也。今真言秘教金剛一乘之表德教門曰能治之道品，是一一行者之本有內證之秘密金剛智印也。論之，處治惑障即一一皆諸佛之法然自性三摩地密印幖幟也，何捨何取哉。故十住心論第一云：苦哉！末學逃大虛空於小室，偷鳴鐘乎掩耳，惡水愛火、捨心愛色，若能明察密號名字，深開莊嚴秘藏，則地獄天堂佛性闡提，煩惱菩提生死涅槃、邊邪中正空有偏圓、二乘一乘皆是自心佛之名字也。焉捨焉取，乃至迷之者，以藥夭命，達之者因藥得仙。迷悟在己、無執而到，有疾之菩薩，迷方之狂子不可不慎。此釋之中明煩惱菩提生死涅槃邊邪中正空有偏圓一切善惡迷悟深淨色心依正之諸法，悉皆自心佛之秘號也。秘號之下一切善惡事理，即是一一之自性法身內證之三摩地也。又真言行者之本有金剛智印也。焉捨焉取乎。唯不知秘密為迷，若信解秘密為斷惑也。

七問：真言之歡喜地以上，無斷惑無明昧者，謂何大日經之疏第十五，引寶炬陀羅尼經之百心成佛之歡喜等之十地為真言之十地，云此十心轉復光顯離垢也，乃至第十地亦有十心，即是凡有百心，一一轉勝可准知也，此地位之中已云：十心轉復光顯離垢，乃至凡有百心一一轉勝，真言地上可云有斷惑有明昧也。何云真言之地上無斷惑無明昧乎？

答：於真言之十地有淺深，淺略之十地即論斷惑詮明昧，是則真言之淺略十地也。擬對顯教故云顯教之分齊也。真言之深秘十地者，於前之淺略十地之中，一一示深秘故云真言之深秘十地。是名真言真實之十地也。故秘藏記云地地還登是顯教之地位也。真言之地位無初後淺深差別，一一之人秘密法文也，凡異餘乘。又疏云百心成佛是寶炬陀羅尼經所說也，甚深微細也。私云：甚深微細者，有重重淺略、有重重深秘、秘中之深秘、乃至十六門之釋義、十六玄門等之無盡旋陀羅尼之義也。

八問：秘藏記之說三妄十地有淺略深秘乎？

答：其三妄十地有重重之淺略有重重微細之深秘也。

九問：秘藏記之三妄十地說，如何？

答：秘藏記云：越世間之三妄執、出世間之心生也。三妄執者貪嗔癡也。開者百六十心、乃至八萬塵勞也。越三妄執越三僧祇劫也。是即十地究竟也。過此修上上方便，斷微細之妄執至佛果故，經曰此四分之一度於信解。於此文中大有二門，一者淺略門之三妄十地，二者深秘門之三妄十地也。第一淺略之三妄十地門。

十問：真言之三妄執者是五根本之煩惱、百六十之隨煩惱，麤細極細三妄執也。但謂何貪嗔癡之三毒名三妄執乎？

答：貪嗔癡是皆通麤細極細之三妄、故云三毒名三妄無過失也。

十一問：貪嗔癡之三毒如何通三重妄執乎？

答：貪嗔癡是皆通人執相應起法執相應起無明相應起、故通三重妄執也。

十二問：大日經並疏云：五根本之煩惱，五度再數成百六十隨煩惱，今云貪嗔癡，開者成百六十乃至八萬，三毒與五根本數已不同，如何同云成百六十乎？

答：五根本五度數之成百六十，故貪之一煩惱起時，有百六十、乃至疑煩惱之起時亦有百六十，故三毒一一開時，云有百六十也。

十三問：五根本之煩惱五度再數成百六十何也？

答疏云：此五根本之煩惱，初再數為十、第二再數成二十、第三再數成四十、第四再數成八十、第五再數成百六十心也。以眾生之煩惱心，常依二法。（私云二法者貪無貪、嗔無嗔、乃至疑無疑等也）不得中道故、隨事異名輒分為二（私云隨事異名者，隨六麤境事起心，愛色惡色、愛聲惡聲、亦嗔色喜色、嗔聲喜聲，如是事事有、有無邊執不得中道，故云隨事異名輒分為二也）。

十四問：五度再數成百六十意如何？

答：一切眾生之無明一念之心性是無始以來之根本十煩惱，隨煩惱二十乃至八萬塵勞皆悉具足，一一之根本隨惑是緣起之一念之貪心起時本來具足，相應種類而有貪嗔癡等二法。即貪無貪、嗔無嗔等之十煩惱，故云初再數為十也。第二再數成二十者，嗔煩惱起時，嗔具足前之貪無貪等之十，無嗔具前貪無貪等之十故云第二再數成二十也。第三再數成四十者，癡之煩惱起時，癡具前二十，無癡具前二十，故云第三再數成四十也。第四再數成八十者，慢煩惱起時，慢具前四十，無慢具前四十，故云第四再數成八十也。第五再數成百六十者，疑煩惱起時，疑具前八十，無疑具前八十，故云第五再數百六十也。又疑為始逆數至貪亦同成百六十也。五根本之煩惱皆同，始終次第無定，但五中隨起為始為終，五度再數成百六十亦復如是。故貪具百六十、嗔具百六十乃至疑具百六十、有五種之百六十也。此百六十具貪時此之百六十皆成貪之種類、具嗔時此百六十皆成嗔之種類、如是五種百六十之種類義門各別也。故探貪嗔癡云：百六十乃至八萬意可知也。

十五問：今舉貪嗔癡為麤細極細之三重妄執其意如何？

答：舉貪嗔癡之三毒為十地所斷之三妄執、淺略深秘具有甚深標趣也。

十六問：貪嗔癡之淺略其意趣如何？

答：入初歡喜地證虛空無垢之菩提心為因之句時，斷一切之貪欲愛染戲論分門，從第二地至第七地證大悲為根之句時，斷慈悲違背之嗔恚細妄執，入八九十地證方便為究竟時，斷相違不思議善巧智之愚癡極細妄執，過此修上上方便，斷細微妄執至佛果，故經云四分之一度於信解，謂之淺略次第行相也。

十七問：此三毒之三妄執、一念之妄心起時，貪嗔癡之三妄執之一具起方如何？

答：若就一道無為心者，根塵相對之一念之心起，即空即假即中也。云何即空謂此緣起一念之心起？不自生、不他生、不共生、不無因生，是故無上也，無上即是空也。云何即假？謂無主而生即假也。云何即中？不出法性故也。亦若根若塵、若心並是法界、並是如來藏也。菩提是中道也，並是實相也。此一念之心不縱不橫也，不可思議也。此心即是如來自然智也。亦是毘盧遮那遍一切身也，當知己心具一切佛法，非但已爾，佛乃眾生，亦復如是。故華嚴云：心佛及眾生是三無差別。介爾有心具足橫竪法界，所有之三千諸法，此橫竪之諸法是盡虛空遍法界千如，三千世間、一塵一念、一一悉具足。一一周遍法界、互相圓融，譬如虛空千光互相不礙。如是圓融之法界，唯是我一念之心也。故弘決云：又復學者，縱知內心具三千之法、不知我心遍彼三千、彼彼之三千互遍亦爾。苟順凡情生內外之見，應照理體本無四性，心及眾生是三無差別。釋籤云：一念之凡心已有理性之三密相海，一塵之報色同在本理毘盧遮那，方乃名為三無差別。又云各稱本習而入圓乘，本習不同即圓乘非一，本習不同圓乘非一者。釋七寶大車其數無量，圓乘者明開佛知見，具一切之佛法也。當知此一念之心，論假具足橫豎法界之假、論空法界即空、論中一念不動法界即中也。故云一假一切假、一空一切空、一中一切中，此三諦互相即互圓融、不縱不橫，此曰圓一心三觀、於此三觀一心、不覺即空、愛有偏執、是法界之貪欲也。不知即假，違背大悲是法界之嗔恚，不知不覺即中之不思議實相也。無明是法界之愚癡也。此三諦之不縱不橫不思議中道實相，不知不覺是微細妄執也，是佛智之所斷也。此三諦一諦非三非一、不縱不橫之一心三觀是頓斷法界之三惑證圓之初住位時，我一念之心具足橫竪法界之圓德，周遍法界施不思議之化用，故釋籤云：當知身上是一念三千，故成道時稱此本理，一身一念遍於法界。證初位時，即得後位功德，又於位位瑩明昧，盡一生一身究竟十地，乃至證入究竟妙覺之果海，是為一道無為心之度三妄行相也。若就極無自性心，有一念貪心起時，此心之體性是離言之性海，圓明不思議法界也。不可說其體相但約其用。十義無盡之十玄緣起，六相圓融，主體具足，故云彼能障之惑亦如是也。如法界之一得一切得，此煩惱亦一斷一切斷也。故華嚴五教章云：若依圓教，一切煩惱是不可說其體性，但約其用即甚深廣大也。以如障法一即一切，具足主體等故，彼能障之惑亦如是也。是故不分使習現種，但如法界之一得一切得，是故煩惱亦一斷一切斷也。故普賢品、明一障一切障、小相品即明一斷一切斷者是此義也。又此斷惑之分齊是准上下之經文有四種。一約證，謂十地之中斷；二約位，謂十住以去斷；三約行，謂十信之終心斷；四約實，謂無可斷，以本來清淨故，廣如經說。證圓教之初住位時，初發心住便成正覺，一斷一切斷，一成一切成，即因果無二，始終無礙，於一一位即是菩薩也。即是佛也。又疏第二云：行者解脱一切之業煩惱，即時知一切之業煩惱無非佛事。而猶於位位瑩其明昧，一生一身究竟十地，乃至第三生證入果海，此極無自性心斷三妄證十地之行相也。

十八問：秘密莊嚴心之三妄十地之義如何？

答：貪初地斷，嗔七地斷，癡八九十地斷，微細之三妄佛地斷是淺略也。

十九問：貪嗔癡之三妄十地，如是斷如是證義理如何乎？

答：貪嗔癡三妄十地，如是斷，如是證之義理是真言法爾之三妄十地之義也。

二十問：真言法爾之三妄十地之義者是可秘深，云何說淺略哉？

答：雖真言法爾之義為機示故，隨緣為淺略也。

二十一問：貪心之法隨緣之義如何？

答：迷自心本有之無垢無染金剛智印，緣起現前貪心，即是本初不生，無垢無染，實不可得故，現第一重之金剛手等之諸內眷屬。迷自心本有之大悲萬行，緣起現前嗔恚，即本際畢竟空故，現第二重之摩訶薩埵大眷屬。迷自心本有之普門方便，緣起現前愚癡。即阿字本不生，遠離諸戲論故，現第三重之一切眾生喜見隨類之身。此三妄三點三句是本來法爾有一念之心，不縱不橫究竟真實也。佛菩提自證之德起。現八葉中胎藏之身。又根塵相對，一念之心起，即空即假即中也。三法無定相，名不思議幻，故迷即空無相之菩提為貪。不知即假，大悲萬行為嗔，不覺即中，方便為究竟為癡。此三點三句必有一念之心，明見十緣生句實相即是十地究竟也。如實豎知十住心之義理，橫見塵數之四種曼荼羅，故云四分之一度於信解也。故大日經疏第三云：若於一念之心中明見十緣生義，則上窮無盡之法界，下極無盡之眾生，其中之一切心相，皆能了了覺知，以皆從緣起，即空即假即中故曰如實遍知一切之心相。以上是真言之三妄十地之淺略義也。此之緣生之一念之心，即是法爾之三點三句，遠離於因緣，如實相之智生也。故證見胎藏之四重曼荼羅，即身成佛之四分之一是度於信解也。證第十一地也，得無上之悉地不論昇進明昧，即真言之深秘之三妄十地之義也。又一念貪心之中，見胎藏界之曼荼羅，金剛界之曼荼羅，乃至無量法界之曼荼羅。見嗔中之法界曼荼羅亦復如是。癡之中亦復如是，如見一地中法界曼荼羅見一切地中之曼荼羅亦復如是。如見一塵中之曼荼羅一切塵中亦復如是，此則三妄十地之秘中之深秘也。

二十二問：一眾生之念念塵塵之中之曼荼羅即是為一切眾生一切諸佛同一體性之曼荼羅，或為當一切眾生一切諸佛各別之曼荼羅乎？

答：一佛一生有胎藏界金剛界等之法界曼荼羅，盡虛空遍法界之一切諸佛一切眾生亦復如是。故教王經開題云：大覺具根本五智十六智及三十七智，乃至塵數佛智，斯乃一佛一切眾生之德也。此一切諸佛一切眾生之念念塵塵之中所有法界曼荼羅，皆如帝網垂珠涉入輪圓，周遍虛空重重無量。故十住心論第一云：如是自他四法身是法然輪圓我三密也。天珠涉入遍照虛空，重重無礙而遍剎塵也（已上真言之三妄十地之秘秘中之深秘也）。

二十三問：一念一塵之中見法界曼荼羅意如何？

答：本有無念無垢之密嚴依正是一念是法界曼荼羅也。一塵即法界曼荼羅也。今凡夫妄想故，念念執人執法，不觀念念之中之法界曼荼羅。不念塵塵之中之法界曼荼羅，故無有出離生死之期焉。今發真言之菩提心，欲證法界曼荼羅者，歷緣（歷緣者行住坐卧語默動作也）對境（對境者對色聲等六境是也）念念可觀我本有無垢之三業之體（體者六大是也）相（相者四種曼荼羅也）用也（用者身口意三密平等也）。具釋如即身成佛義之凡大小權實顯密之中，發菩提心求證據者必觀證據之義理，故菩提心論云：如人貪名官者發求名官心，修理名官行，若貪財寶者，發求財寶心，而後成其志，所以求菩提者發求菩提心修菩提行也。

二十四問：雖云可念念觀察法界曼荼羅，起處之念念塵塵皆是妄念妄境也。如何可觀法界曼荼羅？

答：善惡無記之三性，緣起一念之心，即如實能知而勿隨妄，必見自心之法界曼荼羅也。故大日經住心品疏第一云，此品疏論經之大意，所謂眾生之住心品，即是一切智智也。如實了知名為一切智者。又菩提心論云：妄心若起知而勿隨，妄若息時心原空寂也，萬德斯具妙用無窮也。

二十五問：緣起念念三性之心品，頓悟再觀之行相如何？

答：大日經約有法執人廣明經蘊處界等之諸法，求心不可得，今信解真言之菩提心故，無計執人，俱念念緣起之心品直觀之論有從異生羝羊之妄想，乃至秘密莊嚴內證之本有之無盡三摩地功德法門，一法不缺，本來皆備則盡其性相。論空則畢竟不生也。論中則自性法身心王也。以三法無定相故不思議幻也。故疏第三云：空則畢竟不生，有則盡其性相，中則舉體皆常也，以三法無是相故名為不思議幻。又云：若於一念之心中明見十緣生之義，則上窮無盡法界，下極無盡眾生界，其中一切心相皆能了了覺知，以皆從緣起，即空即假即中，曰如實遍知一切心相。又疏第十八云：樂欲勤求正遍知之句者，知心無量即知身之無量。知身無量即身成智之無量，知智之無量即知眾生無量、證眾生無量即知虛空無量，證而得此也。秘密主，心之無量而得四無量已成正覺。即知眾生之無量，知眾生之無量即得知虛空界無量。秘密主：以心之無量而得四種之無量，謂除心餘之身智眾生虛空之心，有即法界有、空即法界空、中即法界自體也。不縱不橫，三法無定相信解深住十緣生句。無戲論分別者，即是本初不生之曼荼羅也。是名真言如實知自心。亦名真言淨菩提心，如是念念觀察勇猛精進，一生見法界曼荼羅，乃至證心王大日位，即身成佛也。

二十六問：真言行者之所修行法，多入本尊三摩地，修三平等觀，先成有相悉地，真言之悉地是本來法爾即事而真故，即有相悉地。得無相悉地如何？今云念念起心，如實觀察，見法界曼荼羅，即身成佛也乎？

答：入本尊三摩地修四時之行，猶是真言頓悟行之中，漸次修行之儀式也。行者之三業本來法爾自性法身三密故，念念觀察三密之實際，是密教中頓悟之行相也。故金剛頂義訣云：此定者是無識身等持也。

二十七問：入此定者有何利益？

答：內識散亂外塵所牽，識隨塵起種種妄見，隨見隨念，即為無量之諸垢所纏縛，以是因緣淪溺生死，以此定而止息之。

二十八問：此定唯上識不起，不與世塵而相和合如諸佛境界出世實相百千三昧，出入自在也，動不動等入有不有、入無不無、有無常一也。一即無量、無量即一也。而復熾廣大建立，常住其中不礙不沒如是知用勝妙之功德，自他利行云何得之？

答：前之定門是漸學大乘及小乘等，及於外道同由此定、小乘以之為畢竟，外道不深，各各有異，漸學大乘者以為方便，息攀緣故，若頓入之者亦不由之，一切色塵為佛事故也。色相境界智所轉故，智性無礙無量之因故，若怖於塵境、受樂空寂、智無所用愚拙之深網也。如是之從其類非一。問顯教多明為地前二乘凡夫之現變化身說三乘教。為地上之菩薩現百葉千葉乃至不可說等之葉之台上，盧舍那他受用身，名顯之一乘。若有機緣者，地前之二乘凡夫能信入之，妙覺果海之理智不二之心王六法身是遍一切處萬法之體性也。唯證相應故，為他之不可說其相狀。

二十九問：今真言秘教如何云明究竟妙覺之法身如來說法乎？

答：真言秘教對諸顯教所絕離之妙覺果海之本有理智不二大法身之心王的內性內證，有其無盡之義理法門。隨一一之法門義理，顯現四種法身四種曼荼羅身，如帝網之垂珠互相輪圓具足垂垂無盡也。心王名能加持之無相法身，此心王之無相法身現加持受用身名所加持身，能加持之心王是住所加持身，所加持身住能加持之心。能加持所加持，能所二往不二無相也。如心王之現所加持身，心數一一之法門亦現所加持身，能所二往不二無相也。如能加持之無相身，所加持身，亦名無相法身。如心王大日名無相法身，心數之諸尊亦同名無相法身。此義是疏中處處釋之。此心王心數之尊是毘盧遮那之互體，輪圓具足的曼荼羅之身也故，說皆同自性身。亦明皆同無盡莊嚴藏。此能加持所加持之義者今為人之明其義理，故似今建立而實是無始無終法爾常恆之四種法身四種曼荼羅身也。故十住心論第一云：如是自他四法身，是法然輪圓的我三密也。天珠涉入遍虛空重重無礙過刹塵。自受法樂故，無始無終法爾常恆說三平等句之法門，此真言內證之法門是非大日如來所作，何況菩薩二乘凡夫乎。唯是自性本有之秘密曼荼羅三密平等也。故大日經疏第一釋云：無始無終亦無去來，即此實相之日是圓明常住湛若虛空無有時分修短之異也。

三十問：自性法身秘密曼荼羅自受法樂之說法，辯顯密二教論已說，等覺十地不能入室，何況二乘凡夫？誰得昇堂，爾者法身如來之境界，因位之人不得見聞。云何大日教真言秘教怎能流布閻浮提之內乎？

答：金剛薩埵為慈悲利生現他受用身於閻浮提內廣宣流布也。

三十一問：大日教王等之真言教中，實行薩埵二乘凡夫終不能見聞。為當有秘密之機得見聞乎？

答：真言密教是非秘密之機，非佛之神變加持者，等覺十地都不得見聞，若有秘密之機，凡夫亦得見聞之，何況地上菩薩之秘密機成熟也。

三十二問：雖秘密之機未斷盡惑障位之人何可得見聞果海內證之秘密乎？

答：雖凡夫之位內證秘密之急者。必依佛之神變加持力得見聞之也。故大日經疏第一云：然此自證之三菩提是出過一切之心地，現覺之諸法是本初不生也。是處言語盡竟，心行亦寂也。若離如來威神之力，則雖十地之菩薩尚非其境界，況餘之生死中人也。爾時世尊往昔大悲願故而作是念，若我但住如是境界，則諸有情不能以是蒙蓋是故住於自在神力加持三昧，普為一切眾生亦種種諸趣所喜見之身說種種性欲所宜聞之法，隨種種心行開觀照門，然此應化非從毘盧遮那佛之身。或語或意，生於一切時處起滅邊際俱不可得也。譬如幻師以神咒力加持藥草、能現種種未曾有事、五情所對悅可眾心，若捨加持然後隱沒，如來金剛之幻亦復如是。緣謝即滅機興即生，即事而真也，無有終盡故，曰神力加持經之文意可知之也。

三十三問：華嚴別教一乘於法爾常恆之華藏世界，一一塵道中，塵數不可說諸佛聖眾（諸佛者皆是十身舍那也，聖眾者普賢之大菩薩也）集會無始無終說法，與大日教王等之真言經教於密

嚴法界宮中，心王心數無盡刹塵之秘密曼荼羅海會，皆悉集會法爾常恆說三平等句之法門有何差別乎？

答：彼之華嚴別教一乘之華藏世界之說法是人法世界皆是普賢因人之感見分齊也。非妙覺果海之境界。從此性海圓明妙覺果海之六法身十佛之自境界（十佛者，一者無著佛安住世間成正覺故，二者願佛願出生故，三者業報佛信成就故諸行皆成且就一信，四者住持佛願世間不斷絕故，五者化佛不捨大悲大願力化用故，六者法界佛於一切處無所不至故，七者心佛善安住故三昧成佛就無量功德無所著故，九住佛善訣之故，十如意佛以普覆故，此十佛唯正報也。於圓教初住以上乃至十地等覺之菩薩，普因人集會之中應現十身舍那之身（十身者一國土身、二眾生身、三聲聞身、四緣覺身、五菩薩身、六佛身、七智身、八法身、九虛空身、十法界身，此十身遍依正也）。為普賢因人說十義無盡（十義者一教義，即攝一乘三乘乃至五乘等一切教義。二理事，即攝一切理事。三解行，即攝一切解行四因果，即攝一切因果。五人法，即攝一切人法。六分齊境位，即攝一切分齊境位。七師弟法智，即攝一切師弟智。八主伴依正，即攝一切主伴依正。九隨生根欲示現，即攝一切隨生根欲示現。十逆順體用自在等，即攝一切逆順體用自在等，此等十門為首能各總攝一切法成無盡也。亦以十門釋前十義以顯無盡。十門者一、同時具足相應中門。二、一多相容不同門。三、諸法相即自在門。四、因陀羅微細境界門。五、微細相容安立門。六、秘密隱顯俱成門。七、諸藏純雜具德門。八、十世隔法異成門。九、唯心迴轉善成門。十、託事顯法生解門。此十門一一義理具釋如五教章中卷。五教章云：此上十門等解釋，及上本文十義等，皆悉同時會融，成一法界緣起具德門，普眼境界諦觀察，爾時但在大解大行大見聞心中。然今此十門隨一門中即攝餘門。無不皆盡。應以六相方便而會通之。上來如明並略顯別教一乘緣起義耳。

三十四問：以六相方便方會通之方如何？

答：五教章說：六相圓融頌云：一即具多名總相。多即非一是別相，多類自同成於總各體故，異類現於同。一多緣起理妙成壞住自法樂常不作，唯智境界非事識以此方便會一乘。十玄緣起者(十門十義緣起自在也)，六相圓融(六相者，一、總相，二、別相，三、同相，四、異相，五、成相，六、壞相)，圓融義如偈頌。無礙法門，八十經疏云。

三十五問：有何因緣令此諸法得有如是混融無礙？

答：遮雜陳略提十類。一、唯處現故，二、法無定相故，三、緣起相由故，四、法性融通故，五、如幻夢故，六、如影像故，七、同無限故，八、佛證窮故，九、甚深用故，十、神通解脫故。十中隱一即能令彼諸法混融無礙。是說因人之智慧之分齊故，名顯之一乘，能化之教主名他受用身，融華藏世界之法爾常恆說法，猶是因分可說普賢之境界也。非妙覺果海之說法儀式也。顯之一乘明妙覺果海唯相應故。離教說故，離機根故、不可說故也。但真言秘教的妙覺果海之心王無相法身之中名自性所成八葉心數大智內眷屬。第一重大悲大眷屬、第二重普內方便聖眾、第三重塵數不可說不可說之心王心數。四種法身，四種曼荼羅，無始無終法爾常恆，為自受法樂之說三密平等金剛一乘甚深秘密也。

三十六問：顯之一乘妙覺果海，何故云離教說離機根乎？

答：顯之一乘之妙覺果海是二儀之故不可說。一者理智不二，一心之理體是離言說相，離心緣相，唯證相應故不可說也。二者妙覺果海之功德智慧是唯佛能測量，因人不能測量，唯證相應故不可說也。故五教章第一云：性海果分當是不可說義，何以故？不與教相應故。即十佛之自境界也。故地論云：因分可說，果分不可說者是也。又五教章中卷云：廢智一切不可說，如上之果分也。乃至若廢智即不論緣起，乃至但同位窮滿者之勝進，即沒於果海之中也。為是證之境界故不可説耳。此等之文意云：理智不二、一心之如來藏體性得不緣起。故章之上文云：但為生智顯理故。説去來等義耳。若廢智一切不可説。如上之果分者即其事也。又離説念無念之佛智所證之理不與教相應。唯證相應故云離教説，唯機根，因人不能測量故。唯證相應故不可説也。

三十七問：顯之一乘妙覺果海之理智不二，一法身是離言説相離心緣相不與教相應，故言不可説者何故辯顯密二教論説，若依瓔珞經，毘盧遮那是理法身、盧舍那是則智法身、釋迦是名化身。然則是金剛頂經所談之毘盧遮那佛，自受用身之所説，內證自覺聖智之法者。此則理智法身之境界也歟？已在顯教云

不與教相應。果性不可説。今真言密教云顯教處之絕離妙覺果海。本有無垢法然本初之理智不二之自性受用法身如來所説，名真言秘教。若云説法云何不思議。如理智之所説云：隨他意故名顯之一乘。不思議如理智之境界。唯證相應故云不可説乎？

答：顯教證入離諸説念、萬德體性之理智不二一心，徹底名妙覺究竟如來，是名真正覺也。以此正覺之分齊，真言密教入金剛界大日曼荼羅之佛道為初門。授本有金剛界之三摩地菩提心戒，從此作秘密修行之阿闍梨。以三密之方便信解修行。證究竟曼荼羅身，故十住心論第八云：於諸顯教是究竟理智法身，望真言門是則初門也。又三昧耶戒云：受空性則所謂一道清淨真如法界之理也。於顯教最極醍醐之妙果也。於密教猶淺也。自此發極無自性心，是故佛言如是初心之佛説成佛之因。從此以後始發真言門之秘密曼荼羅心，是名究竟發心。從此以後以三密方便修行。證極究竟曼荼羅之心。十住心論第八又云：謂無相虛空相也。及非青非黃等之言，並是明法身真如一道無為之真理，於諸顯教是究竟之理智法身也。望真言門是則初地也。言極無自性心者此一道無為真如法身之蒙驚覺之緣力。更進金剛際之心也。故十住心論第九云：又極無自性心明真如法身蒙驚覺緣力更進金剛際。又三昧耶戒之中已明極無自性心生，以後發秘密曼荼羅心。明知法華、華嚴之妙覺果海之理智法身，遍一切處之三身十身，十十無盡之身。三種世間舉體一大法身摩訶毘盧遮那之依驚覺緣力進金剛際之秘密曼荼羅，名極無自性心也。

三十八問：一道無為之真如法身與極無自性之真如法身，為同為異乎？

答：有同有異。所謂同者，心王之理智法身遍一切處。三種世間舉體是同也。此法身真如不守自性故，受染法淨法之薰，變易分段之麤細生死，上上去去下下來來緣起現前，並蒙真言秘密曼荼羅諸佛之驚覺，願求秘密曼荼羅是異也。真如法身有此二義名極無自性心。故十住心論第九云：諸法無自性也。去卑取尊故有真如受薰之極唱，勝義無性之秘告。是極無自性心之真如法身之義也。故一道無為心的一切之善惡因果，依正迷悟、染淨諸法，皆悉妙法一乘真如法身開顯為宗。極無自性心的真如法身之不守自性隨緣之義為宗。二宗之宗義已異，一道極無二種之住心差別顯然也不可疑惑。

三十九問：天台十界圓具與密教之曼荼羅之同異？

答：天台法華宗，明自心本具之心王心地。現三身四身十法界之因果依正本來法爾。十界交互具足。彼彼之三千周遍圓融。又華嚴圓教之別教一乘，明心佛眾生三無差別，三種世間總為身心性海之圓明與法界緣起因果理事不二也。

四十問：又一一互相，相即相入，重重無盡，如帝網之垂珠是真言曼荼羅義如何有差別乎？

答：法華之圓教說十萬法界百界十如三千世間乃至一塵一念。一、互相盡虛空遍法界周遍圓滿，又妙覺果海之本地寂光之理智不二，三身即一，不縱不橫，一乘實相，名妙法蓮花，是為一切諸法之本源，此本地之法身，法界緣起之四味（四味者一者乳味是華嚴也。二酪味阿含也。三生酥味者方等經也。四熟酥味者般若經也）。三教（三教者三藏教通教別教是也）三乘五乘七方便（七方便者兩教二乘三教菩薩）九法界（九法界者地獄界乃至菩薩界等也）皆悉妙法一佛果之開顯，近成釋迦即本地久成之三身即一，不縱不橫之釋迦開顯為究竟教。故真言三昧耶戒云：於顯教最極醍醐之妙果也。於秘密從此發極無自性心。十住心論第八云：於諸顯教是究竟之理法身，但望真言門是則初門也。大日世尊及龍猛菩薩並皆明說也。不須疑惑。今於諸顯教之中究竟真實最極醍醐味之教的法華之中，來說本地寂光之理中內證秘密之四種法身。四種曼荼羅身，三密平等的三部四重之諸尊，五智無際智，輪圓無礙重重無盡，橫豎無窮之秘密甚深內證法門。又華嚴之圓教妙覺所證之本有性海圓明不思議法界，不守自性法界緣起，陀羅尼十義無盡，十玄緣起，六相圓融，十十無盡，究竟法門，為普賢因人說之。其當機者一王一身十地究竟乃至三生證入果海為究竟不思議教，未說妙覺果海內證之四種法身，四種曼荼羅，三密平等重重無盡，不可說不可說之秘密法門。故若乎之內證法門不覺不知故，猶是無明分位也。普賢性海之一門內證不知，何況胎藏界十三大院，金剛界十八會，乃至十方無盡法界海中橫豎無盡，重重不可說，無窮無盡之秘密法門不知不覺故無明之重雲重重未晴，應知華嚴之妙覺果海之如來是自門為究竟之果佛。望真言門猶如是因人故，大日經說，如是初心之佛說成佛之因。十住心論云：望前之顯教極果，於後之秘密初心，初發心之時便成正覺宜其然也。初心之佛其德不思議也。萬德始顯一心稍現，證此心時，知三種世間即我身，覺十個量等亦我心。盧舍那佛始成道時，第二七日為普賢等諸大菩薩等廣談此義，是即所謂華嚴經也。又云，善無畏三藏說：此極無自性心之一句，攝華嚴經盡，所以者何？華嚴之大意原始要終明真如法界不守自性隨緣之義。又云：極無自性心是明真如法身蒙驚覺之緣力進金剛際。又真言秘教是法身說也。秘密金剛最勝真也。以上之引文其意明也。法華以妙覺果海之本有寂光之理智的法本來開顯果海以還。法界緣起因果依正諸法，本迹雖殊不思議一也。未說妙覺果海本有內證之秘密曼荼羅之三密，華嚴即以妙覺果海圓明法界，顯示果海以還之法界緣起麤細諸法，事事圓融因果無二也。未說妙覺果海之本有內證的四種法身，四種曼荼羅，三密平等法門也。故真言二字義云：彼之法華經是隨他報身之究竟應用，平等自受法樂也云。此文中應用自受法樂之教者，彼法華中雖一身相即，隨他報身如來，以妙覺果海之寂光理智不二法身為法本，開顯果海之緣起，現前之諸法者，果海之法身本迹不二也。平等一味的妙法為究竟之教，故云應用平等自受法樂之教，而未說妙覺果海自然本有之秘密曼荼羅，此真言秘教即以諸顯教所處之絕離妙覺果海，談自然本有四種法身四種曼荼羅身之法，常恆演說隨自法身法爾宛然，自受法樂內證三密，金剛一乘甚深之秘密，云隨自法身究竟法爾宛然自受法樂也。

四十一問：理智不二之一心如來藏，心性法界為妙覺究竟之極果，義是三乘教之義也。何故云：顯之一乘，密之一乘，同以之為極果乎？

答：三乘教之理智一心是一相一寂之第一義諦為極果。彼顯之一乘圓教之理智不二的心性法界。即本來具足一切善惡因果依正色心染淨，一塵一念一一橫豎之功德智慧具足、一一之體性眾德盡虛空遍法界，一一圓融相即相入，主體具足重重無盡，為顯之一乘理智不二一心如來藏，故一塵名頓速之法界、一念稱頓極之實相也。此秘密金剛一乘是顯之一乘，云圓融自在之極果是言談心滅。極理性內證之秘密四法身四種曼荼羅身，三密平等五智無際智，一塵一念本來法爾，輪圓具足天珠涉入遍虛空無礙過刹塵，終無限極名秘密金剛一乘之理智不二一心也。此理智不二之一心者，豎論有十重淺深，橫論重重當位一一皆悉智智平等一味一際的秘密曼荼羅也。論極麤異生羝羊住心之依正，此位之一塵一念本來法爾之秘密曼荼羅也。若入此密意住十緣生句。不改凡心證大日位不起於座密嚴國土也。論極惡阿鼻位生，一塵一念本來法爾曼荼羅也，信解為佛不信為凡夫。亦見之聞之不信者為無慚無愧之人。不了自心內證之秘密者，名為外道，故疏第十一云：有慚愧差恥者成就秘密之行。又第十二云：凡一切之不了內證秘密者皆是外道也。

四十二問：以佛之神變加持力為秘密之機，說三密之法者，顯教之隨他意說法有何差別乎？

答：顯密二教之能說教主，所說教法差別不同也。住思能可分別之也。夫諸顯教大乘之中理（理者心體性名理法身）不二一心之如來藏名第一義諦，亦名如理智境界。是則法界恆沙之諸法體性也。今此體性或歎果性不可說，或稱離教說離機根。此理智不二一心之如來藏，是理所現之三種世間十界因果也。色心依正名事之法性，名如理智境界，顯之一乘教於此事之法性，或說本來法爾，十界互具周遍圓融，一切大小權實橫豎義理法門具足。名妙法一乘，或說十重無盡之十玄六相，名華嚴一乘。諸顯之一乘，以此理智不二之一大法身妙覺果海，稱果性不可說，言第一義諦之中無能說無可說，但真言密教即以諸顯教所絕離妙覺果海之自然本有理智不二之一心，一大法身之心王，名無相法身，此無相法身有無盡之秘密法門之義理內性內證。此無盡之內證法門名心數也。此心王現自受用身，心數是由一一之大智性，現金剛手等之無盡大智眷屬，由大悲之性現無盡之觀音彌勒等大眷屬，由普門方便善巧性現無盡隨類喜見之身，此心王心數之四重聖眾一一具足四種法身，四種曼荼羅身，此心王心數之諸尊是法然圓輪具足，天珠涉入遍虛空，重重無礙過刹塵，故十住心論第一云：如是自他之四法身是法然輪圓我三密也。天珠涉入遍虛空重重無礙過刹塵也，此心王心數名能加持之無相法身。所加持所現之種種法門身，名處加持身。此能加持之心王心數，住所加持身，此所加持之法門身是住能加持之心性，能處二住不二無相也。故所加持之身亦名無相法身，此能所二住之義理法門是談義味故，似今建立而實無始無終法爾常恆也。故大日經說遠離於因緣，知空等虛空，如實相智生。具如十住心論第十說，此無相法身之所加持身境界，是本有無始無礙智之境界，甚深微細故，諸顯教名內證智之境界。或說唯佛與佛乃能究盡，或說果性不可說，稱離教機根，或歎十地等覺不能入室也。如是密嚴海會聖眾是本來法爾，離三世之相，離去來相，自受法樂故，法爾常恒說金剛一乘甚深之三平等法門。是名真言秘教，此密嚴海會之四種曼荼羅聖眾大悲願故，以神變加持力，法爾常恒之說法儀式不改，不變秘密金剛幻身，為宿殖善根頓大秘密之機緣，說三密平等四種曼荼羅，重重無盡之秘密法門，名教王經大日經等之真言經也。故大日經疏第一云：然此自證之三菩提是出過一切心地，現覺之諸法是本初不生也。是處言語盡竟心行亦寂也。若離如來威神之力，則離十地之菩薩尚非其境界，況餘之生死中人耶。爾時世尊往昔大悲願故，而作是念若我但住如是境界，則諸有情不能以是蒙蓋，是故住於自在神力加持三昧，普為一切眾生示種種諸趣所喜見佛身，說種種性欲處宜聞之法，隨種種之心行開觀照門，然此應化是非從毘盧舍那之身，或語，或意生，於一切時處起滅邊際俱不可得也。譬如幻師以咒術力加持藥草，能現種種未曾有事，五情之所對，悅可眾心，若捨加持然後隱沒，如來金剛之幻亦復如是。緣謝則滅機興則生，即事而真至有終盡，故曰神力加持經。顯教之說法為地前菩薩二乘凡夫，現變化身說因果差別，次位次第法門名三乘教，為地前地上一乘之機熟者，現他受用身說佛境界之因果無二，初後圓融之法門而為行者論位位之明昧，名顯之一乘。真言秘教即盡虛空界遍一切之佛界，眾生界之因果，依正，麤細之色心當位實相也。自然本有之秘密曼荼羅也。雖等覺十地不得見聞，但自性法身大日如來大悲願故，以神變加持三昧，為秘密之機緣，顯示之。時更不動法爾常恆秘密內證之說法儀式，亦悟秘密機緣，皆悉悟入，無能入者，無處入處，本來法爾三密平等秘密曼荼羅也。故若從一門悟入，證見心王心數之秘密曼荼羅，若諦見心王以後一一之法門次第見之，無明昧無淺深，本來法爾之心王自在無究迴轉故，當知顯密二教同為機緣雖顯示之，能化之教主所說之教法，乃至說法之儀式，已黑白相分更不可相濫云。

四十三問：十住心是一切眾生一一皆同本來具足法門也，豎論迷悟重重始終玄隔也。云何頓悟即身成佛乎？

答：雖十住心豎論始終玄隔，瑜伽行者依自性法身說，我一念之心，豎有重重分位差別，橫知智智平等一味，直往智智平等一味之觀行，觀察三密之實相，深修十緣生句，唯發心間，更無位次，故真言密教名神通乘，故大日經疏第一云：若乘神通人於發意之頃便至所詣。不得云發意之間云何得到神通之相爾。不應生疑則此經之深旨也。

四十四問：真言秘教是神通乘者，云何依教發心時即不即身成佛乎？

答：真言行者依教門雖觀本尊三密，不相應三密之實相位，是不真言之發心，故不即身成佛也。

四十五問：云何相應三密之實相乎？

答：隨意觀本尊之三密實相深住十緣生句，無取捨分別，諸戲論悉盡，見三密之諦理，證本尊之身，相應不相應之分位，但證者能知之。未見諦理前，如射的譬修習三密實相，若不間絕勇猛精進一生成佛，即身成佛。故疏第一云：若能不虧法則方便修行，乃至於此生之中逮見無盡莊嚴加持之境界。非但現前而已若欲超昇佛地即同大日如來亦可致也。

四十六問：觀本尊之三密，觀已成三密歟，觀未成三密歟？

答：觀已成三密得有相悉地時，入我我入得無相悉地，已成未成能所不二也。故疏第一云：今就此宗謂修如是道迹次第進修得住三平等之處。故名為句，即以平等之身口意之秘密加持，為能入門。謂以身平等之密印，語平等之真言，心平等之妙觀，為方便，故逮見加持受用身。如是加持受用身，即是毘盧舍那之遍一切身也。遍一切身者即是行者之平等智身也。是故住此乘者以不行而行，以不到而到，名為平等句。一切眾生皆入其中而實無能入者，無所入處故名平等，平等之法門則此經之大意也。（真言行者至要也深思之。）

四十七問：真言秘教之頓悟、秘密神通乘之教相，永異顯教之諸經，唯以法然秘密智慧可甚深信解也。而薄福鈍根之機緣者有少分之結緣，今或受持真言秘教，或修行三時四時之法則，如是種類，速疾神通妙藥故，必如頓悟之機為有其益為當有差別乎？

答：雖真言是速疾之妙藥，而於機緣有頓有漸有超升，更不可一准。實雖所持之真言是速疾妙藥，隨機根之量得其益有淺有深，故御請來錄云：法海一味隨根淺深有之。五乘分鑣逐器頓漸有之。頓教之中有顯有密。此教文之中明頓中有顯有密，以知雖修行信解真言，隨善根之深厚淺薄，依機緣之淺深得其利益淺深久近差別也。

四十八問：機感相應之因緣是法界法爾之道理也。又世間出世間之諸法體用，是亦不可思議也。彼之准大高蹬，費龍遠行，並是藥術之所致也，何況法界五不思議十不思議之中佛法不思議第一也。就中真言妙藥速疾神通不思議第一醍醐也。縱薄福鈍根者若信解修行，其益必可速疾，何定隨機可有利益之遲速淺深乎？

答：於諸法之中宜自成義，談自立之趣是外道之教也。今佛法之中唯有因緣，能生諸法，亦滅諸法，故涅槃經云：一切之諸法是因緣故生，因緣之故滅。又毘尼云：諸法從緣生，此法從緣滅，故法緣及盡，是大沙門說：諸大小乘顯密正教之中皆同宣說。因緣生滅或法爾道理，更無立自成義也。但諸法之因緣有利有鈍，必有和物，有不和物，為利之利也，為鈍之鈍也。為此藥也，為彼毒也。如是相應不相應不可思議也。唯佛智能知之，餘人所不究也。因之仙藥之飛空藥力不空，服五辛者不得飛空，外仙神通飛行無礙，行淫樂者亡失通力雷鼓之大音聞人不堪，聾者不能聞，日月之光明眼目明見，盲者不得見，水清影移，鏡瑩像現，如是因緣不可思議也。佛法之相應亦復如是。緣謝則滅機興即生，利鈍遲速利益有無不可思議之因緣也。必依行業之麤細勝劣因緣，有頓入有漸入有超昇焉。佛法必需顯密之眾德圓備故，又顯教之中有悟秘密者，又密教之中有淺略顯教之益，故請來錄云：法海一味隨機淺深有之，五乘分鑣逐器頓漸，教有顯密：此之文意是法常一味，但隨機有顯密，有久有近，又有世間之益，有出世之益，佛法無際限機根作分際，住思可觀察之。

四十九問：不思議之佛法妙藥是一味，隨機利鈍力用萬差可以深信，但機有利鈍之因緣，此有何故也？

答：夫諸道有昇沉依戒之持毀，見佛不見佛是依乘之緩急，若人空般若精進者，諸佛之變化身顯現，說分段生死之生滅無常，斷麤妄執證偏真之理，若唯識真如之觀智勇猛者，佛他受用身顯現，說唯識真如之法門。斷細妄執證法空之理。若人如實知自心之觀行了了者，自身本有之三身即一，不縱不橫之心佛現前，說自心之實相印，斷極細妄執證自心之正等覺，故八十華嚴云：若人欲了知三世一切佛，應觀法界性，一切唯心造。大日經云：云何菩提，謂如實知自心，若上根利智之人，自心本有內證之秘密曼荼羅，三密平等之觀智，勇猛精進者，自心本有之秘密曼荼羅身顯現，證三密平等，證悟無能入者，無所入處，不經劫數，一生成佛，即身成佛，故大日經云：若能依此勝義修，現世得成無上覺。又金剛頂經云：應當知自身即為金剛界，自身為金剛，堅實無傾壞，我為金剛身。菩提心論云：若人求佛慧，通達菩提心。父母所生身速證大覺位。當知隨所修之慧業淺深，見佛有權實成佛有遲速云。

五十問：顯教一乘之究竟妙覺果海，或云唯佛與佛乃能究盡，或云果性不可說，或云唯證相應離教說，故離機根。法身不說法者，是則顯教之教相也。而真言秘教即是諸顯教所絕離之妙

覺究竟之果位之自性（理法身）受用（智法身）理智不二之法身所說，名真言秘教也。爾者不說法之法身與說法之法身，義理體相為同為異如何？

答：顯密二教之理智不二之自性受用法身名是同，但真言密教之法身大異諸顯教也。

五十一問：顯密二教之佛法身大異者云何辯顯密二教論，以瓔珞經之理智法身為證，然則是金剛頂經所談，毘盧舍那佛自受用之所說的內證自覺聖智法者，此則理智法身之境界也之判釋乎？

答：顯密二教論，以佛之三身說法，辯顯密二教差別故，應化開說通名顯教，法身談話以稱密教，則是顯密二教之總相差別也。若要論之則顯教有重重差別，密教亦重重秘密也。若就所說教法論，能說之佛身，顯密各有種種佛身之不同，具如別妙明之。但諸顯教之三身次第的三乘教，三身相即一乘教於妙覺究竟之果海，或云十地等覺不見聞，或云唯佛與佛乃能究盡，或云果性不可說，或離言教說，或云離機根、或云唯證相應，如是皆悉絕離、唯歎言斷心滅而實妙覺究竟果海之中，亦更有竪重重無盡秘密，橫有塵數廣多之三密，諸顯教之中以妙覺究竟果海理智法身，開印果海以還諸法，或談理事不二，或說因果無二，或云三身印一，或名十身舍那，故真言二字之中，以顯之一乘名應用平等自受法樂之教，未說妙覺果海之中之自然本有三密，平等法界曼荼羅之自受法樂。今真言秘教以諸顯教中之絕離歎言斷心滅之果性不可說等，理智不二無相第一義諦遍一切所，心之如來從自心本有之內性內證，橫豎重重無盡之秘密法門、一一各各現心王心數塵數不可說之四種法身，四種曼荼羅身，一一皆悉法然本有輪圓具足無礙，重重無盡秘密莊嚴，橫豎法界總持法身也。故今此真言秘教，橫豎淺略深秘，秘中之深秘，無盡圓輪之秘密莊嚴之法界總持法身與顯教之妙覺果海云言斷心滅果性不可說之法身大異也。義理不可混濫，智者明了可觀察之。

五十二問：顯之一乘圓教初住以上之功德智慧，皆得如來一身之無量身，初位得後位之功德盡故，皆歎言斷心滅，唯佛與佛乃能究盡，亦地智之所證理性是因位果位皆同云，不可說，何強指妙覺究竟果海之極理言斷心滅。云果性不可說之法身，

可論顯密差別乎？

答：顯之一乘圓教之初位以上功德智慧實無分齊數量故云言斷心滅，唯佛與佛乃能究盡，而佛現受用身為住地上菩薩說之，所謂華嚴經中加法慧十住，功德林十行，金剛幢十迴向，金剛藏十地，四菩薩，如次說四十位之功德智慧法門。是云顯教一乘，名華嚴經，亦名別教一乘。又云因分可說普賢之境界，此別教之一乘住行向地之四十位，通名解行處，故五教章上卷云：別教一乘約解行處說也。但妙覺果海是不與教相應，故佛不說之。設為滿因，佛不思議品中對令因人雖說果地功德智慧，是猶非究竟自在圓融之果云云。實妙覺果海究竟，是唯證相應故，佛不說之。故或云：不與教相應，或云果性不可說也。又天親之十地論說因分可說果分不可說。香象清涼大師等同依經說付論釋，因分可說果分不可說之義門以為宗義也。

五十三問：華嚴之住行向地法門，佛自不說，加四菩薩說有何意乎？

答：宗家之釋是多，且表因果無二之義也云云。又法華之中，佛自為令一切眾生開：十住上行。示：十行無邊行。悟：十迴向淨行。入：十地安立行。佛之智見：妙覺也，亦名直至道場。正直捨方便，但說無上道，此云無上道者，佛乘圓教之妙覺究竟如來之一切種智也。

五十四問：眾生之開示悟入佛之知見時，佛之知見故為無淺深為當為能入者，為有淺深乎？

答：雖佛智圓而無初後淺深明昧，為能入者自有初後淺深明昧，故法華文句之第四云：然圓道之妙位是一位之中即四十一地之功德亦開具示悟入等，更非異心，但如理之知見無有分別淺深之相，欲顯如量之知見故，分別四位耳。發心畢竟二無別，如是二心前心難，既云難易即知初心與畢竟，心應有明昧淺深之別，猶如月之體初後俱圓而有朔望之殊，四位之知見皆明照實相而說開入之異耳。又云經說：為令眾生開佛知見不論佛果自知自見，若偏悟佛果即失眾生，偏悟之眾生則無佛之知見，故不可偏取，二教之行人雖是眾生未有佛眼佛智，故不能知見實相，圓教之四位亦是眾生也。又分得佛見佛智，則眾生之義成知見之義亦成，故寄此四位以釋理一，今如法華華嚴二宗之師釋，法華華嚴二經雖說佛乘圓教之因位功德智慧，於妙覺果海之功德智慧，或云不論佛果，自知自見，或云唯證相應之故，或云果性不可說，終不說妙覺究竟妙果地之本有內證秘密曼荼羅三密平等法門。已在顯教說妙覺果地之法身不說法。今密教論妙覺果地法身，法爾常恒說法，故以諸顯教皆所絕離妙覺果地之理智法身，對此真言秘教，橫豎重重淺深略秘，秘中之深秘，秘秘中深秘，乃至一字攝多，一字成多等十六門之釋，無盡旋陀羅尼，重重不可說之秘密莊嚴法界總持之四種法身，四種曼荼羅，法然輪圓，我三密，天珠涉入遍虛空，重重無礙過刹塵，一大法身，詳詮顯密二教之差異，此問答之中其理明也，何可疑哉。

新編正法眼藏

前言

「正法眼藏實相無相涅槃妙心」是佛教之眼目，千經萬典都是闡明此道理之工具。

「正」者不偏不依，是當下當相之直覺狀態，直覺下之事物若經過心之分別思考，然後加以分別認知，即落入第二義之中，亦就是凡夫之一切認識。依宗家而言這第二義是不足取的眾生境界。

「法」者心所之法，吾人以六根為工具，將能取之心攝取對境之所取的諸法相，成為心所諸法，經由分別揀擇出自我的認知，這認知乃依人而異，故不是絕對正確的，故不名正法，反之若將面對的事物，不加思索地當下直認，即人人相同，故謂之正法。

我人不是聖人，故收來之諸法皆是邪法，佛陀教我們從此邪法中去透視其實相，這透視之能觀之智曰「眼」。「藏」即事物之背面所隱藏之道理，是凡眼看不見的，故名藏，「眼藏」即是透視事物中所隱藏之道理。

「實相」者現象之源頭，其源頭即空，空並非無一物之空，是萬物生成之原理，依肉眼看不見故曰無相，其無相即佛性，或云真如，或云法性，或云法界體性，這體性充滿時空，而不斷地活動的常住性，永遠無止境地流轉無常，流轉中依「成住壞滅」而新陳代謝，顯現萬物之生滅，這種動力是沒有第二義之目的，而如環無端無常地創造與毀滅，這體性名涅槃性。

無常即無明，即是佛性，其動力曰羯摩力、或云作業力、功德力、法力，其根本就是佛如來之功德。這功德是由理體發生的，力量是功，發出之用曰德，功屬物理「理德」，德即是用故屬智德，智德精神者也。精神所發用即為心，心流轉即成意，未流轉之前即是創造萬物諸法之源頭，這心是微妙難於表詮的，故曰妙心。佛性起用即是心，不起用即無心，所以心亦是抽象的，無起用之力即是性德也。

佛教，與其他一神教或多神教不同，其中以佛教密宗更與其他宗教不同，如天主教、基督教、回教等，都屬一神教，道教屬多神教，而佛教之密宗即屬泛神教；密宗把宇宙之大靈表詮為法身佛，宇宙間無量無數之功德力，無量之心王心數，與以神格化之，即所謂諸佛諸菩薩，此種以事表理的哲學體系，可以說是極嚴謹之學術，豈可與多神教相提並論！本編所述直即透視這些道理，繼之以行來體證其佛性之謂何物，親嚐其味為目的。其實此道非常簡單，但一般都被文字所牽，以理念說理念，停滯於學佛中途而不進；為此本書雖有葛藤之嫌，但讀之亦可作為互相策勵。

正法眼藏實相無相涅槃妙心

正法者宇宙真正之常規也；宇宙、世界、時空等，都是相同的意義，宇者界，空間也，宙者世，時間也。這無量無邊的時空，有無量的星球，古人只知我們所住的地球，現在雖然科學發達，發明了望遠鏡、衛星、太空火箭等，但所能探視的星球無幾！人類尚未測知的星球，是否與地球一樣，具有動物植物生存？因為未曾探測得知，故不能肯定，但亦可以「此有故彼有」的道理推想，若果是有動物植物的存在，那麼因為環境各自不同故，空氣、水土等的組織成分不同，動物之形相與內臟機能可能和地球有所不同，但是對於宇宙造化之規律一定是相同的。

宇宙之大是無邊際而歷萬劫常存，沒有毀滅之日，其中所蘊藏之理德是最陳而最新的。其理德之中有智德，理德即物理因，智德即精神因，理智冥合謂之總持，其總持之中有無量無邊之理智種性，此理智種性為普門。總是一，普為多，故一中有多，以多為一，並非凝然之一。依理體的性質而言分為六大，所謂地水火風空識，此六類不同性質之理體融為一體曰法界體性，此法界體性之中還有無量無邊之不同質能，有無量無邊之智德的心所德性，雖相涉無礙，但各自德性獨立。比喻說：有一百種藥草，用水煎湯一碗，其味似一，但其各各藥性獨立，治病時飲下，治心之藥發揮治心功能，治肝即發揮治肝功能，各各發揮其特性不會混亂。法界體性中之普門德性亦復如是，一般認為真如本性是個凝然之一，無色無聲香味觸諸法，這是指真如本性在無常中的四相之一相，空之時的狀態而言的，真如不守自性，空之後又成而住而壞，又到空輪轉而無間斷。這空即為本位而已。其如本性或云法界體性或佛性並不是空白，其中具有無量無邊之不同德性，才會顯現不同之色聲香味形態，若果是空白，那麼無豈會生有，若果無會生有亦是清一色、一聲、一香、一味，豈能顯現不同姿態，其中必有種性存在，這就是普門之一一德也。

無常即羯磨

宇宙大靈體之法界體性、真如本性，成住異滅四相為其作業，這作業亦名羯磨，即是活動，活動故無常，這無常之力即法界體性之羯磨能力，由其能力推動本性中之種子性，隨種性各自之需要，吸取週圍之質素，成為自己之本誓而顯現，所吸取之質素為助緣，依自己之種性所需之質素比其他為多，其他六大俱齊備，結果全體雖具六大，但本誓之內德不同，故事事物物均依其本誓種性不同而呈現不同形體及色聲香味等。萬物皆具此大法三羯四種組織，(一)具足六大，(二)具足五形色味，(三)具足本誓標幟，(四)具足功能。換句話說：立地平等，處境不平等，即是真平等，如人權平等，崗位不平等。若果不如是即天下大亂，這就是正法，宇宙之真理也。

人權平等者如總統下班時就服從村里長管轄，上班時即為一國之尊。總統在選舉時與民同，平等履行人民投票權，人民平時不得前往總統府自稱他是「民主」，侮辱元首一樣，這是宇宙之正法。

平等與差別即是正法者，又如人類身體之外相，每個人都有相同之眼耳鼻舌五臟六腑，四肢大小便門，一律平等，但面相是不同的，平等中有差別，否則怎能分別認識，每人都相同的話，可能會你父誤認為我父，我妻誤認為你妻，豈不天下大亂？這都是宇宙之正法。

支持平等與差別的主宰即是普門中之各自基因德性，雖因絕對力的無常作用而新陳代謝，卻能保持其三昧耶（標幟）形。無常力即無明，是諸萬物之四相推動力，有此力故萬物才能生存與毀滅，有推陳換新故才有創造，有創造故才有時間壽算，這是依現象覺知的；依宇宙大靈法界體性上看來，是種轉法輪，其理體整個是常住的，從現象上來看有生有死，由理體來看是虛出沒，若沒有無常之絕對力這世間是死寂的，豈會有萬物之出現呢？無常應該是我們的恩人。若沒有無常，孩子就不會長大，沒有學問的人就不能成為學者，老人亦不會死亡，那麼宇宙間，孩子永遠是孩子，老人永遠是老人，愚人永遠是愚人，賢人永遠是賢人，是不是宇宙當體死寂？一般人都怕無常，以無常為鬼，這絕對不是正法。

四種組織者，宗家名曰四種曼荼羅，大曼荼羅即是地水火風空識之六大，有堅固性之地大，有濕性之水大，有煖性之火性之火大，有動性之風大，有無礙性之空大，有覺性之識大。如地中有其他五大，水中有其他五大，火中有其他五大，風中有其他五大，空中有其他五大，識中有其他五大，每一事物只是某一大顯與不顯而已，均具足六大。

地大是方形而其色黃，水大是圓形而其色白，火大是三角錐形而其色赤，風大是半月形而其色黑，空大是團圓寶形而其色藍，識大是了知而其色雜；地大有不壞之業用，水大有攝持之業用，火大有離散之業用，風大有長養之業用，空大有自在之業用，識大有識別之業用。

每一物皆具足六大，如一塊木頭，可將其中取出五種不同形的木塊出來，就是每一物中都隱藏有五形。

色彩即依其物之基因德性而各顯其不同顏色，其餘之色只是隱而不顯而已。

其次是法曼荼羅，每一物悉有其個別不同之聲字，聲即聲音，如不同之物自上往下掉碰到地面時，所發出之聲音各不同，人亦然，其容貌各各亦不同，容貌形相即是字，又依人而言，各各之筆跡亦決定不同，這是平等中之差別。

三昧耶曼荼羅亦即是標幟，每一事物各有其基因德性而各顯其標幟，如梅子即顯梅子樹枝及具有鋸齒形的葉子，特別與其他的植物不同形體，作為自己的標幟，令人一見就可以分別。

羯磨曼荼羅即是作業或云功能，每一事物依其基因德性而顯現其功用，如藥草各自具有其特性，各有其功能，同時又各有其防身功用，如脆弱之花，為防止外侵而生滿了全身的刺，以及毒汁等等以防自身。

如果子等為了繁衍子孫而生果實，未成熟之前是呈現苦澀味道，以防外侵而喪失功能，到了成熟之時就呈現鮮美色彩與甘味令人喜愛，人採摘而食，愛好其味道而替它傳播繁殖種子以傳遞後代。

現象之一切萬物皆由法界體性中所具有之無量無邊功德所現成，依無常之絕對力所推動，而經成住異滅四相輪轉，其實現象之有是實相無相的空中妙有，空有原來是不二的；若以冰、水來比喻，冰是現象，水喻實相，離水無冰，離冰無水，冰即是水，水即是冰，比喻水與波亦復如是，心經之色不異空，空不異色，色即是空，空即是色以此可以了解，元來空有是不二的。

經中有云：一切、眾生、悉有、佛性，一般都解釋，一切眾生全都有佛性，這樣的解釋我個人不甚贊同，若把一切、眾生、悉有、佛性解釋成一切眾生通通有佛性，換個比喻來說，就有如一切冰都有水？那麼冰變成器，器中有水，豈不變成二元論了，應該解釋謂：一切冰皆水，這樣一來冰水就不二了。我個人的看法應該解釋為：一切、眾生、悉有即佛性才恰當，因為一切是指萬有，眾生即衍生出來的現象萬物，悉有即現象有一切萬物，一切、眾生、悉有，皆為同義，因為萬有是實相空所顯現，空有是不二的，萬有都是法界體性，佛性顯出來的，故眾生即佛性。不是眾生中有佛性，是眾生當體即佛性，眾生並非全指有情，所有顯現的動物、植物、礦物都是眾生。

有情無情是物理基因是組織上有所差別，植物雖無明顯地表達感情痛癢，但它都具足六大，而且亦有感情，礦物之能為人類造屋建牆都是它有識大。依動物而言，神經組織最好的人類，如神經有障礙就變成植物人，而與植物類似，如牛馬犬貓等家畜，雖有感情卻比人類低劣，況乎低級動物的蟲類竟對人類都沒有感情，所謂感情是愛所衍生，人類對其他動物有了愛，就能構成感情，否則視為敵人。

古時有句成語云：美得沉魚落雁，美人美得連雁鳥一見自感醜陋而昏倒跌落樹下，水池中的魚兒一見美人，自覺醜陋而沉入水底不敢舉頭，其實不是，雁鳥一見其人甚感恐怖，見美人是醜劣的惡魔，故急逃之中撞到樹枝而掉下來的，魚兒見到美人深感恐懼會被抓，故入水底藏身的。為什麼美人在他們的眼中是恐怖的醜物呢？美人是人類的共業感，魚鳥之類即與人類不同，經云一物四相，一味的水，天見玻璃，鬼見血河，魚見宮殿，人見是水。依各自的意趣而有所不同，即是業感不同也。這些色聲香味觸分別美醜的看法都不是正法。

人大都迷著於現象之實有，卻未曾透視其真正實相，其實一切事物都是性空，是暫時之假立。

比如一棟房屋，雖有其物，但它是暫時組織假立的，未建蓋以前即一無所有，經設計後取來諸多材料，依設計圖樣來建造組織，蓋成了一棟房屋，有朝一日非拆不可的時候，將房屋拆掉，房屋沒有了。房屋蓋成時命名某別墅，現在某別墅沒有了。拆除後將此原料別覓一處蓋了一座寶塔，依設計後而建蓋，變成了寶塔。房屋或寶塔都由設計而變形又變名，可見現象萬物無自性，但其原料是有的，原料變成建物原料之本形就隱藏於某建物當體之中，外面看來是相融為一，但其實沒有相融為一，是各自獨立的，鋼筋沒有溶入石中，石沒有溶入木中，木沒有溶入磚中，只是相依為命地暫時存在，我們的身體亦相同，甚至家庭、社會、國家，都是互相依靠地存在著，一切都是暫時的組織法，其名辭都是假名沒有自性，所以一切事物皆因時間而剎那間在變。前面所說材料是有的，其實材料還是組織物，如石頭其本身還在變，還是經過造化之成住異滅四相，時時在變，到了壞滅之時變成氣體原素，到了最後變成光，可以說法界體性就是光，各各物理基因就是光，基因不同光亦不同，但相涉無礙，雖相涉為一而無礙，然卻不是凝然為一，是各自獨立的。

萬物顯現期間即四相之成住二相，這二相內容是相續相，相續相者如旋火輪，舉一火炬加以旋轉，即成一圈火環，其實火環是火炬剎那剎那的相續影跡，火炬本身不成輪，輪是火炬點點相接相，前刻之火焰停在前刻之位置，絲毫不動，即所謂法住法位法無去來，第二刻之火焰停在第二刻之位置，第三、第四刻也都相同，其點點構成火輪相，火炬本身亦相同，萬物之新陳代謝都是一樣，其連續相漸成一物，如瀑布水看來是無數的水線構成個布面，其實都是點點之水的連續相，前刻之水停在前刻的位置，後刻停在後刻的位置。大江的江流都是相同，古人云：悟道之時見到，旋嵐偃嶽而不動，江河兢注而不流。

古時有個梵志，自年青時候就出家，經過數十年後，一次回到故鄉，鄉里的人都說某人回來了，這位梵志說，我不是某人，大家問為什麼你不是某人？梵志說，某人是早當時的人，現在我不是那個人，人問？怎麼說請道其詳，梵志說，當時的某人是少年人，現在的我是老人，若果是當時的人為什麼現在的容貌不是當時的容貌，十歲時是停在十歲那個時候，我現在已不是當時的那個人了。這就是證明法住法位，法無去來的道理。一個人亦好像旋火輪，像瀑布，像流水一樣，是暫時的相續相，找一個我不可得，因此佛說諸法無我。

法是事物起之端的，法相是事物四相流轉之過程。法無去來是事物發生之歷史，如人走路，第一步與時間停留在發生當時，每一步有每一步時間，到了千里即是一步一步的連續，第一步不能拉來到達千里時的現在，昨天發生的事物不能拉來今天，所謂法住法位，法無去來。

法相即現象萬物，一刻一刻地代謝，四相中之成住二相有其成住之生命力，依事物之基因德性顯現力之長短來決定成住二相之壽命，這是指代謝之功能來看的，其事物之本誓標幟雖不變，但去舊換新的相續中是依空間某種因緣條件下，會改變其體積與長相。到了其代謝功能盡的時候就呈現壞滅二相，呈現本來面目的正位。這是宇宙正法之法律，宇宙萬物均不逃過這定律，如水遇寒冷而造成冰，遇到熱即溶化為水，現象看來有生滅增減，但對於宇宙大靈全體而言，是不生不滅，不增不減的，這當體叫做涅槃體，那裏有生死可言！人欲長生不死的念頭是違背大道之運化的，雖求長生不死，但始終沒有辦法去抗制造化的法則。人們求而不遂即生多餘的煩惱，一切眾生都是如此，故有老死、增減、壽命、人我的思想，導致生存於不安的處境。

莊子妻死而不在乎地鼓盆為樂，孔子命顏回去弔喪，顏回問莊子，死者是你的妻子嗎？莊子答是，顏子說為何不悲哀而鼓盆？莊子說：她本來無其人，幾十年前才出現，現在還其本來的無，有什麼可悲哀？事後，顏回問老師，莊子是有名的哲士，但一點人情味都沒有，從頭述說其經過給孔子聽，孔子說：他是方外人，我們是方內人，我們不能與他並論，顏回說：先生我們為什麼不學他？孔子云：我們尚未已也。的確莊子是有體悟正法的覺者。

我們執著現象而忽視實相，人有各各不同之境遇，有各各不同之慾望，欲望是一種精神渴望的資糧，所謂食也。

財色名食睡都是萬物支持生命的食糧，不但人類有需要，其他禽獸昆蟲及植物也都有需要，若能隨遇而安煩惱就自然減少。人類因好要更加好，故求而不得時，不但起了煩惱，一時生起歹念做出違背正法，以強謀而取得，遂做出搶劫掠奪綁票殺人等行為，終於被捕入獄喪失名譽與自由，這都是迷執現實貪圖享受的結果。

口腹之享受是一時迷著的快感，肚子是不會計較的，好歹皆納，衣冠之美醜是行屍走肉加上裝飾而已，心若如禽獸一樣無恥，任你怎麼粉飾都是衣冠禽獸。

人為萬物之靈長，雖然科技發達進入了太空，自認科學萬靈，但對於精神上所帶來的困擾卻無法去掉，人人有難念的經，要彌補這些精神上的缺憾，應該要信仰正法的宗教，依我個人的看法，人不可無宗教信仰。

總而言之，依正法的宗教來啟示自己的心扉，透視宇宙造化之真理，人們就會減少瘋狂的無明欲望，就能隨遇而安了，這就是眼藏，眼即是觀看，藏即是現象背面所暗藏之真理，心體悟一切事物之「源」理，而心住於理趣，行動生活於現象中即為修行。

世間一切事物如一個大車輪旋轉不停，車輪有無數之輪輻，輪輻有一中心軸，我人將精神入住於世事之車軸中心，車輪雖不斷地旋轉，但中心一點不移，輪移而心不移，如在高山頂下瞰十方一目了然。世事是法之華，故云心悟轉法華，心迷法華轉，凡夫住著於輪框，故被轉得團團逛沉淪苦海。苦海即凡夫之精神感受，其實沒有苦海其物，比喻一池水，不諳水性的人是苦海，一入其中便會歿頂窒息死亡，若果識得水性會游泳的人，一入其中是清涼的泳池，甚至也可以救了不會游泳的苦海中人，會游泳識水性的人，就如了悟宇宙真理正法的人。

我們能透視世間一切事物之實相的同時要體行之，才有社會、國家、人群的互助緣起生活，社會國家人群是宇宙生活。宇宙生命是透過萬物之生機而組成的共同體。社會國家之團體調和是透過人群個個之生命的互相緣起而成的。所以每個人都有繼起宇宙生命之責任！

萬物即現成公案

宇宙間之事事物物即是由實相無相空所顯現出來，無相之反面所隱藏之現象是人人都看得到，故云平等，所謂「遍法界不曾藏」謂之「現」，其一一之流轉相成為一一物為「成」。事事物物各自不同之相明明白白呈現眼前公開為「公」。如在案棹上公然陳列之事物絲毫不紛，而有差別守分，為之現成公案。我們可以從有相直認為無相之實相。

因為空即是色，色即是空故不必解冰歸水，直認冰即是水，即事而真，當相即道。實相無相是無為，現成公案即有為，有為即無為，無為而無不為，二者皆是一之內容。

這現成公案之事事物物應依「唯觀唯行」才不會流於主觀或客觀。以唯行直覺才能現成「公案」之現趣。

體驗的世界

森羅萬象事事物物依佛法來正觀，事事物物均是現成公案，但自己去看事物時，即有迷、悟、修、行、生、死、諸佛、眾生等之差別儼然在其當處，萬法然者也。依佛來看諸法即是佛法，因諸法是相續之流轉相，故佛法稱諸法為無我。

觀萬物無我之時，亦無迷、無悟、無諸佛、無眾生、無生無死，對於現成公案之透視其本來實相無相時，如波還水，諸法無我也。

佛道本來就跳出有無之絆籬，現象雖有生滅、迷悟、生佛，這是我人對萬物的認知觀念，才會被縛於有無之中，所謂：花由愛惜而謝，草因厭棄而生，為了愛惜花，希望花能長久存在觀念上，才有謝落的觀念，為厭惡草之盛發而有草的叢生之觀念，因著一邊而生一邊的對待認知。

體驗方法與修證

所謂任運自己去修證萬法為之迷，由萬法來修證自己為悟，以迷轉為大悟為佛，對悟而迷即為眾生，有悟上得悟之漢，有迷中猶迷之人。

心外無別法，法是由心去攝取週圍之萬物法相的認識之潛意識。

了悟事事物物是無相實相空之無常四相顯現過程之妙有流動相，色不異空，空不異色，色即是空，空即是色。

但以自己去觀察修證萬物當相的色即是空、空即是色，即等於析空觀，為任運自己去修證萬法，這等於儒教之格物，應知心外無法，將自心用於直覺上，萬物納自己於其中，我與萬物一體，把握自心不去分別，即屬儒家之致知，即萬物來修證自己。科學哲學即用心去分析萬法，佛教即以萬法來修證自心。即借萬法做為修心工具，直覺看去色聲香味觸諸法現成，但自心即視而不見，聽之不聞，並非非禮勿視，非禮勿聽。即無我的立場去對萬法，即是行、正覺法。於此真言宗家即將自己放大如虛空，萬物納入自己身中。

當時的自己即變成大我，消失了自己之小我，萬物與我一體時當下成為法身佛。

執著萬物與自己為對立時即迷，萬物與我為一時即悟。一切萬物悉皆法身佛之顯現，依迷悟差別而命名，到底都是佛如來體。悟時為之成佛，真正成佛的人不知自己成佛，若知自己成佛即是悟之迷，依無成而成，其成佛之時大地眾生皆成佛，沒有生、佛差別觀念也。

見色即舉身心而見，聽聲即舉身心而聽，因為有身故有心，並非神教所謂身是臭皮囊，身中有靈魂之二元論，佛教之正觀是身心不二的，是一如的，若不如是，就變成鏡中有影即外有其物，水中有月影即空中有月的相對論。見之時即身心歿入無物，亦即自他融為一物，聽時即自他融入其聲，對於萬物即收攝全宇宙諸法。

若果取其唯心，取色或取聲即不算真正之修證，應以舉身心去見色、聽聲，實際上我人每做一件事都是舉全身心地去做的，以此立場來應接事物才能把握端的，只用身即不足，只用心亦不足，所謂唯心的立場或唯物之立場悉皆不足，要兩者如實的一如之立場，才能算舉心身的端的，亦才能得到證的結果。

行的修證、證佛

所謂學佛道即是學自己，學自己即是忘卻自己，忘卻自己即被萬法證，被萬法證即是自己及他物之身心的脫落，即忘卻其悟跡，而長出悟之跡。

這裏所謂佛道，非僅指佛教，這點要注意，佛道就是吾人隨順法性去進行之道，這才是「行」之現成，隨此道而行，當下即是佛行故云佛道，另無別道可行，隨順宇宙造化，腳踏實地去行動即是行道，即是行證佛道，隨順佛之道中，即知自己是什麼，故云學佛道即學自己，學自己即不可立自己，不立自己即忘卻自己，忘卻自己是無我也。無我並不是捨掉自己，是捨去自他的對立，所謂無我即是前頭所述以萬法來修證自己，將自己沒入體驗的世界，萬法即我之時，始能覺知沒有對立的自己，這就是忘卻自己即是學自己，亦即是學佛道。

以萬法來證自己，乃是自己之身心脫落，以及自他之身心脫落。身心脫落並不是破壞自己之身心當空，而是身心中沒有固定的概念之超越境界。

否定了依身而有身見或唯心而有邊見的分離固定對立概念，把握了身心一如，才是身心脫落。

被萬法修證乃是沒有對立的自己觀念，所謂超越身心的立場，身心沒入一如的體驗世界。

自己之身心及他物之身心，並不是自己與他人，忘卻自己是止於自己的事，與他物無關，他物是自己以外之一切事事物物。

因為有他物故有自己之成立，假如天下只有自己一人都沒有其他萬物，那裏會有自己的對立觀念？所以他物是塑造自己之物，因此自己即他物也。脫落自己之身心即是脫落他物之身心，自他之身心同時超越，才是真正的脫落，只是自己脫落而留他己存在的意識是無法脫落的。因為他己之身心不外是自己的身心，故非到自他不一不異的一如境地不可。

到了這立場時悟跡就休歇了，所謂不知自己成佛，開悟之時沒有悟的念頭，有了悟的心跡即會停滯在當處。在悟跡休歇時，不斷地實現佛之行儀，一言一行、一舉一動，如實地現出佛，由此地證入諸佛境界。

故云學佛道即學自己，亦即所謂依萬法來修證自己，證佛乃是舉身心去領會自他一如，身心脫落而行佛之一切威儀活動。

我的脫落

人發心開始求法，亦是期待識得佛法或了悟萬法。當求佛法之時，實質上人們卻離開了法的邊際(摸不著法的邊際)，即是離了傍邊，如在門外，遠離了門檻，為門外漢。為了入門故而求，有了「求」之心卻更加遠離了，此即「望道未見之」的境地，如此一來無論到何時都在求的途中。

如此一來，眾生始終都在自設眾生之限，不能成佛。但生佛一如故，眾生本來是佛，眾生為求了知佛是什麼！結局是隔岸觀佛，望佛興嘆。自身之外去求佛實是相去千萬里，所以求佛的中間，實際上是沒有親近到佛之身邊。

然法「正傳」到我之時，亦即真正體會到法的時候，即本分人也。這時才是真正的人，亦即是佛。

云法之傳來，法並非自外傳來到我，我才成為本分人的，了知自己本來就是本分人，就是法傳到我了。

眾生本來是佛，普通卻以為眾生本來有佛性，因被迷塵所覆，故不能顯現佛形，而成眾生之形態，若能發現佛性即能立處成佛了。

只有佛性亦不是佛，不能說眾生本來是佛，所謂佛性不是佛之性，佛性就是佛即性，性即本然之姿，以為佛之性是能成佛之素質，結局素質不外是佛，理體名如來，智德名佛，因為理智不二故，質與能根本一體，不二的一如。同樣法傳到本分人，即是已知原來本分人，即為之法之正傳，正傳之時即本分人也，了悟時即身成佛，即疾速也，不起于座即時成佛也。

人在行駛的船上眼看週圍，以為岸邊，但目看本舟即知舟移，我人亦相同，亂去辨識萬法的時候，會誤認自心自性是常住的。身心亂想即是不舉身心，不識身心一如，不知自己無我。所謂運自己去修證萬法，這正是亂想妄想也。

假若運自己去修證萬法亦無妨，若知自己無我即能從迷轉悟，若運自己而不識自己是無我即是亂想，那麼要去辨識萬法，即會墮入種種思想中，誤認自己、自性的本質是常住之物，這就是我的存在，只有萬法森羅萬象在變易，這和乘舟人相似，不知自己即在遷流移位。

但以唯行的無自他境界，方能到達體驗的世界，自此以來如人束裹回鄉，到達根源之處，事事物物即是我身，才謂之體驗，當時即知萬法無我的道理，萬法無我即自己無我，依無我的立場才能證知真正的萬法，這復歸唯行的世界即是證佛之道。

體驗之姿態

體驗之姿態是修證之中的心態，這裏用個薪與灰比喻，一般所看的萬物遷移過程是薪燒了成灰，灰不能復歸為薪，以薪為先灰為後，但依修證不以薪為先而灰為後來推理，這是事物的根本問題，的確不容易了解，實際上薪是薪，灰是灰。

薪燒成灰是化學變化的立場來說的，即是所謂自然的事物法則，這並非物的體驗立場，體驗之世界即薪是薪、灰是灰，看薪之時沒有灰，看灰之時沒有薪，沒有轉移的心相，故元一方證即一方暗，沒有薪變灰之流動思惟相，修證時是不得有薪流動到灰的，因為法住法位、法無去來。

依體驗的世界即薪住於薪之法位，灰住於灰之法位，這是現成公案。薪本身是薪之連續相，灰是灰本身之相續相，法法前後際斷，連續即是切斷，斷斷點點排起來的，故生並非從任何而生故云不生。如旋火輪，如瀑布，法住法位，法是停於其時間不移，故云不滅。死不能再生，死是死之相續相，本來前後際斷，往不來今，今不復往。

生是一時一位，死亦是一時之位，如冬是冬，春是春，不能說冬成春，不云春成夏，生之法住於生之位，死之法住於死之位，雖有前後相續，內容是前後際斷的，即生或死都是全機現成的，全機現成之位位連續即法輪，亦云佛轉，無常地轉故不滅也。

無常是相續相，不滅之法，如錄影帶，一切事物之相都是片片靜止不動的，事相之顯現是無常地將片片加以流動遷移的現象。其內容即片片法住法位，法無去來，以此思之可以了解。

修證中之心的姿態，古人云，未入山時見山是山，見水是水；修證時見山不是山，見水不是水：下山後見山還是山，見水還是是水。下山後即行菩薩行，以萬物為我，和光同塵地遊戲三昧，這已是證佛了，人在學佛道當中修證的工夫都是必要的，只用常識去分析是不可以的。古人有云：若無一番寒徹骨，那有梅花撲鼻香！

悟境的把握是重要一環，悟的光景好似月亮照水面，其月不濕，其水不破，所謂竹影掃階塵不動，月穿潭底水無痕，雖有廣大的光亦可納入尺寸之水，全月或無限的天空亦可宿在一露之中，亦可宿在滴水之內。

悟了的人亦與水相似，沒有變成別樣的相貌，萬法納入其人亦沒有礙及其悟境。如月或無限的天際照於水，或照於露珠上也不礙其水露，月是月、天是天，萬物是萬物，對於悟的心境是不會妨礙的。

月照鏡面、或物照水面或露珠，其影的深淺即與其月或物距離相間，其時節之長短，可以其大水、小水來檢點天、月之廣狹。體證之時，直觀大水小水，小水是小水，大水是大水，諸法相的體，大即大，小即小，這就是體驗，其直覺時大小廣狹沒有加入思量。

前已有述唯身的看法行不通，唯心的看法亦不可，要把握身心一如的立場，才能展開體驗的世界。這身心一如應充滿著萬法，身心與萬法一如，才是沒入體驗的世界。

若到了身心一如的境界，就會覺得法尚未充足之感，其會得之時就會感不會得，不會得之時已感會得，會者不會，不會者會，所謂「不」者即無我者也。

理學家王陽明有云：「專識見者日日有餘，專涵養者日日不足，日日不足者日日有餘矣」。

因為日日讀別人的書，以為萬物事事都識得了，但實際去體驗的時候，即會感覺不識得的地方還很多！

如人乘船入大海，一望遠處沒有看到山或島嶼，只見一個無邊際的圓，都沒有看到別樣的相狀，其實海不是圓或是方，海是具有種種形色，種種動態的，其海德是不可限量的。

萬法亦是如此，人的見力大即視野大，見力小即視野小，依其參學的眼力而有不同，但是都沒有什麼世間、出世間之別，只是眼力所及為限，而有種種差別事物的。應依學道的經驗，眼力所到視之即為己有。

云蟹似甲而挖孔穴，深度即是其高度之分量也。眼力愈大即愈覺不夠，會感覺尚有很多看不到之處，學道之功力亦是相同，愈學愈感尚有不足的謙虛之意，悟境低的人往往以為已經大悟了，感到滿足，實即是不足也，一般都會忽略其事。

誰都知道空是無邊際的，海水亦是無邊際的，森羅萬象亦是無邊際的，體驗的世界亦是無邊際的。

魚自古以來不離水，鳥自古以來不離空中，人亦是不離體驗的世界，離了體驗的世界無人，魚離水鳥離空即死。

所謂體驗的世界即是道，物離道無物，人離道無人。「道也者不可須臾離也，可離非道也」，然吾人在此世界往往不知我即世界，只是在此世界中用大時即大用，用小時即小用而已。

魚靜游的時候即靜游，要跳躍的時候即跳躍，鳥靜飛的時候即靜飛，大活躍的時候大活躍。我人亦不離這個體驗的世界，日日生活於體驗世界中，大用時即大活躍，小用時即小活動。如此頭頭無邊際，處處無不踏翻，一一事物、一舉手一投足隨時隨處，如實地全身心一如地實現活動。這無邊際就是全的活動，事事物物全的活動是即現成公案。

處處無不踏翻亦是現成公案，活動即「行」的一如，即到處都是現成公案。一如而「行」，「行」而一如，即隨時隨處，其體驗即現成。

鳥離空即死，魚離水即亡，鳥在空不知空，魚在水不知水，人亦好像魚鳥沒入於體驗的世界在空中活動，所以離開體驗的世界人即會死亡，有活動故有其存在，無其活動故就無存在了，換言之人必須活動的。

魚離水即亡，故魚以水為命；鳥離空即亡，故鳥以空為命；另方面也可以說，魚為命，鳥為命，為避先常執概念可以說以命為魚以命為鳥。

鷺立雪中，銀杯盛雪，海天一色，這平等中有差別，鷺是鷺、雪是雪、杯是杯、海是海、天是天，自他的統一中有差別相，直覺的當中一物不毀，故在人的修行中都有修證，壽者、命者，這不是概念的理解，是如實的會得，故有修有證，所以修證是盡邊際去「行」的修證體驗，這才是事事物物的根榡，亦即是人之生命。

事實上大多數都是「日日用而不知」，但用大即使大用，用小即使小用，自然其用即現成在眼前，知此而用之，進而從知至於不知的立場，才是真正沒入於體驗的世界。有修有證其活動的時候即是修，依其活動所體驗的，所會得的就是證，依修證一如的活動來會得體驗，才能營運體驗的活動，所謂依活動之體驗來把握體驗，以體驗為體驗來活動，即當處就是「行」的現成。

其有壽者命者並非單指永遠之生命，短亦是生，長亦是生，如魚不出水，鳥不離空，其當處的活動即是生命，事物存在的時間有長有短，但都不妨礙活動之生。

在一如的平等中有萬物差別的活動，以直覺去面對現實地活動，以事事物物為體驗之活動就是體驗的世界，亦就是人之生命，萬物之生命。

然魚擬窮水而生，鳥要窮空而存，這是不可能的，人要窮此現實生活的體驗世界去覓道亦不可能，魚在水當體即體驗世界，鳥在空中生活當體即其體驗世界，人在森羅萬象中生活，當下即體驗世界，自己身心與萬法一如的活動即是體驗世界，即佛道，別無道可尋，亦無處安住。

人要修佛道，即得一法通一法，遇一行修一行。我人之一舉手一投足皆佛之道場的活動，一切動作就是道之表現，遇一事作一事即是通一切法，亦即是法通於道，法是妙有，道是本體，萬物是道之表，道即萬物之源母，我亦是法亦是道，萬物亦是法，亦是道。道不是他亦不是自己，亦是他亦是自己，即是森羅萬象之根源，頭頭是道，一事一物、一舉一動皆是道是法。道不屬有不屬無，不在事之前，不在事物之後，即是事物當相，有無悉皆道，不是修後才能得到道，並非得而後修，是悟與迷之心理狀態，迷即日用而不知，悟即無彼此，無先後、無遲速，當下當相即道，了悟當時即成佛，不是本來成佛，成佛之語即是了悟的意思。了悟不可有了悟之心跡，因道本來無知，若以科學的立場去分析道，這是世間學問，不屬體證，道是萬物當相，是萬物之活動，所謂活動即是心思惟，全身心的舉動，我人直即會取當相即道就可了。但在「行」的當中對於所謂道、法、修、證都不要留跡，有認為見道見性必要坐忘至於死寂，已死寂無心之活動，怎能見道見性呢？要在活動中去肯定一切，沒有過去，不知未來，現在當下點點頭頭去直覺會取，現象即實相，不必毀現象取實在，未悟前之當下現象與悟後之當下現象絲毫不變，但悟後的現象與未悟以前之現象卻有不同，這是內證，並非他人可以了解的無秘密的秘密。道是宇宙本然之姿態，其名是一種假名字，本來沒有這個名，原本如此就是道，道即性、即法、即物，到那裡去見性？當下之活動就是性，眼能見是性、鼻能嗅是性、耳能聞是性、舌能嚐是性、身能觸是性，一切無常能移遷變化是性，總之所謂道者，為佛法、佛性、佛道。

內證之體驗有其處，其處自有通達隨順之道。雖有一法一行之處，但道對於體驗而言，一一皆是全體驗之內容，事實上一法的會得，真正一行之修行，是非常繁多的，但都是本來無知，是超越概念的「現成」。會得一法得一行，大道通達即在其處，才是體驗之體驗的「現成」。其體驗是沒有知的思惟，這是體驗之姿態，並非所謂體驗之對象。

體驗之把握不是會得一法一行之實行次序的前後問題，佛法之究盡是同生同參的，佛法之究盡乃遇一法體得一法，遇一行得一行，才能究盡佛法的事事物物。

並非分析而得佛法的極致。遇一法會得一法遇一行修一行才是究盡佛法，同時是現成體驗，此兩者同時現成，同生同參的。

並非行後才能生出悟，也非會得一法後才生出悟來。是遇一一事物通一一事物，當一事物如實去修行就是悟。

宇宙大道不屬知不屬無知，我人之行亦如作而不知其作，不知自知是諸佛之知，亦不知是悟境，所以知而不知。

此處一再重複地説，讀起來恐有拖泥帶水之嫌，但雖是極微細之事情，也是不可疏忽的，這些細微之事，真正會得的時候，即能通天下之大道。一一事物真正去修行就會通達無難的。一一物、一一事真正去會得，換言之即精神專注不雜他念，將身心沒入其事物的心態，把握這心態就是悟，其他沒什麼可得，當下即是，其實亦無所謂得，都是無所得，以無所得故，心經云得阿耨多羅三藐三菩提。

所謂證驗者，比如有人已經嚐過梅，未曾嚐過的人問：是什麼味道？已嚐過的人用其體驗內容之境界，表現在面上給人看，未曾體驗的人怎能體會？這證驗是思惟推測不到的境地，應由自己親自去嚐試，當下即能體悟。

這證驗謂之密有，即是直接親證會取，不能與他人共，各人各有其感性空間，相同的酸度依不同的人有不同的差別，這差別也無法用言語紙墨表達。

古時有位和尚，手持一把扇子在扇風，一個僧人看了就問和尚，風性無所不在遍滿虛空而常住，何必用扇？和尚說：你雖知風性常住，但尚未通達其處的道理。僧問：那麼什麼是無處不週底道理？和尚還在扇風。僧愕良久禮拜後退去，是否已經證驗？風不可以風常住來想，要體驗風，必需扇的時候才能出現，不扇的時什麼風都沒有，所以風性就在起風處去體驗。要知佛性即在事物接觸活動時去體驗，用概念分析式的方法求證驗是不可能的。修證即是身心沒於事事物物之中去活動才是親證體驗。

佛性之證驗即在事事物物上去體得，不是在端坐無心狀態下去求知，或從思惟上之概念求證驗；這是正法之活路，佛佛相傳之道。密教大阿闍梨之灌頂是無言亦無儀式，師舉一手印，徒依之結手印來互為傳達秘密消息，亦即印心之法。

如師命取一梅自嚐，當時即傳達其酸度證驗一樣，佛法亦在身心一舉一動之中露出其端的，並非聽經説教就可以會取得到，能證到實相無相而無所不相的道理。

這佛之家風即在事事物物上來傳達其消息的。釋迦牟尼拈花微笑，將實相無相涅槃妙心傳給迦葉，以心傳心在這花上顯現佛性之姿態來傳達，能表所表不二的當中傳遞消息。這時思惟前後際斷的當相，但大眾皆不知，當時佛性由動作現成公案。萬事都如此，未動作以前雖佛性充滿法界，但都隱而不現。萬物都不斷地從佛性顯現，從自己一舉一動地現成，吾人日用而不知，雖無所不在卻不知所在，這佛家之風即是大地之黃金現成，長河之酥酪的參熟。

上來所述之現成即公案，諸法即實相，色即是空，空即是色，萬物即佛性，能知所知皆一，能所不二，自他一如，身心不二，均是佛教、佛法、佛道之骨髓。

佛法之了悟並非科學、哲學的分析概念，是直接體證的結果，其體證是知而不知的直覺知，再也不必去撥波覓水，直認波即是水，不必再推敲思索。

日常之生活起居，倦來睡覺，大小便通利都是佛性的作用，壇中修法亦是供養諸佛的活動，在社會活動亦是供養諸佛，因為時空無大小，小是大之內容，大是小之總和，大即小，小即大。能深觀此現成公案之背面所藏奧妙道理，即是眼藏也。能觀為眼，所觀即藏也，眼藏二字實不二也。

真言宗家主張現象即實在，即事而真，當相即道，並非灰身滅智的厭世主義。亦不是精神物質二元對立的靈魂論，是多之一、一中是多的互助緣起論。

諸法雖多體性卻是一，體性之一中即有諸法之多，一乃綜合體也。真言宗以曼荼羅寄寓其道理，行者由此透視內藏，以身口意動作去體驗其理智之德，此乃宗門最高無上疾速的方便法門。禪為直入，密為橫超，禪之祖師們各自創立其接引方法，這種言行機鋒的體證，非大根大器的人不能一拍即合。

真言有門，有破廿五有之執著的三摩地法，有以社會中之各種事事物物的活動接觸來啟示自己修證之法。

必是同生同參的，透視內藏的道理，同時肯定現象的，將自己直接肯定為諸佛，以諸佛的行儀而行之即身成佛，沒有時空之長短立地即身成佛，疾速故云神通乘也。

禪用現成公案去體驗，這方法可以肯定，亦可以透視實相無相而無不相的動態，卻不能去看實相中諸繁多之基因種性，僅住於正位的空白。往往貪著禪味而變成灰身滅智。宗家不視現象世界是五濁惡世，而看世間是越量宮，一切人皆諸佛菩薩，一切其他動物悉皆自己眷屬，一切植物悉皆寶幢，一切礦石都是琵琵之座，一切盡是寶物，一切有無、自他、莊嚴與醜陋，皆是心之分別，心莊嚴故世間莊嚴，悟者一見萬物皆寶貝，迷者一見萬物皆穢，地獄亦是心之境界，淨土亦心之境界、十法界皆是心的世界，三界唯心，萬法唯識，迷即一切心法皆五蘊，悟者一切心法悉皆五智，五智五佛也，諸心所法皆諸佛菩薩眷屬也。法相雖有，心外無法也。

身心學道

依理來看雖然說本來是佛、現象即實在、諸法即佛性等等，但依體悟的事實來說，迷者根本不知佛性是什麼，只是心中存著一些概念的影子而已。要真正成為體驗人生活動，沒有「行」是不可以的。學道必需觀行一如的立場去「行」才是身心學道，現成公案之透視即是觀，舉身具體去體驗為行，而為要了解行的必要性，所以需要仔細參究身心學道之理趣。

有關「身心一如之行」，若按普通的說法，所謂身是臭皮囊，只有靈魂或云心才是唯一的依靠，以這樣的心理來修行，就墮入了二元論，這是一般神教家勸善理念的主軸。依二元論的立場去修行，往往以為不要活動，全傾於枯坐，著重精神面。佛法是身心不二論，要舉全身心具體的去活動，以萬法與我為一，以萬法來修證自己，自己沒入於萬法，一如之活動來修證，才能具體的表達心之活動，這點是學道的根本。

學道並非理通了就不要去行，所謂道遍法界無所不在，我即是佛，不要去行了？修行也無所得，所以不必行，這往往墮於自然外道。又有主張苦行才能消業，業消才能成道，這種苦行主義也是犯了修之有所得的毛病。

不能將身心沒入事事物物的接觸中去體驗佛性之現成都是外道思想！是學而轉遠的錯誤觀念。

初學道必須全身心去應付萬法，來體驗佛性之現成，久而久之，成為無學進而成為絕學，無學並不是不要繼續學，而是學而沒有學，行而不存行之痕跡，作而沒有作之心跡，作而心無作，無作而無所不作，無學而無所不學。

身心以及萬法本來悉皆一如，然而心迷故自己身心不能統一，自他分離墮於自私起了三毒。若以聖行將理念之心與萬法復合為一，復歸本來面目的正位，這時候六根所感之一切皆當相即道。道即萬物之活動，亦即是萬物當體也。有物就有活動，活動即佛性，沒有活動道不現成也。

禪者云：不無修證，卻染污不得，不學佛道即墮外道闡提，故前佛後佛悉皆修證佛道，沒有行的修證不能悟到佛性之現成，現成之事物物明明白白絲毫不紊，故云染污不得，修證如悟冰與水，迷時見冰是冰、水是水，不知去直認冰即水，由明眼人指示去體驗，悟時其冰不毀即知水之現成。

又如石化製品之布料以及器具等物，外行人是一竅不通的，經人指示予以試驗，用火燃燒後就會變成膠樣，即知其物是石化製品，以後一見就知道了，這與體驗萬物時的起心去悟到本性時相似。其體驗為行，其不知而知的覺性為悟。

一般的看話頭亦即是在念佛或靜坐時，起念當即認知性之現成的心。換句話來説，心是佛性之現成，若非出家之僧伽那有時間不斷地靜坐，又在偷閒靜坐時沒有過來人指導，往往是枯坐，這枯坐是很危險的，不但不能見性，若精神頻率比較低的人，往往會被外魔侵攪，很多人靜坐了不久，會聽到有神佛教他念咒作法，或會見到佛菩薩神等形像，大感歡喜而變成精神失常。又有坐的姿勢不正影響脊骨歪斜等難治的症狀。

心學道

所謂心學道，即以一切諸心來學的，諸心者，質多心，汗栗馱心，矣栗馱心等等，心之名詞雖多，都以迷悟來命名，質多心是慮知心，汗栗馱心是草木心，矣栗馱心是其實心，又有菩提心、赤心、古佛心、平常心、三界一心、唯心，都是一心之異名。

人由感應道交而發菩提心，然後皈依佛陀之大道，發菩提心修行。人們若未發真正菩提心，而冒仿發菩提心去修學亦無妨，雖是冒仿假亦是真，因為心只有一個並無同時發生二個，假動作亦心所驅使之動作，都一律是發菩提心。這發心行動即是赤心片片、古佛心、平常心、三界一心、唯心。心並非臟腑之肉團心，是腦筋活動的思慮作用。

我人聽了善知識的說法，或看書，或閱讀佛經，或看人正靜坐修行而感歡喜，這就是感應道交，由心發起修行之動態，因歡喜而開始進行學道之第一步，亦可以說學佛道的因緣成熟而起了學道之心，初發心時一心一意，心無夾雜其他雜念，這時之心謂赤心，心住於佛道故前後際斷，云赤心片片。這心亦可以說，與萬法為一的體驗世界，心之體驗動態乃當相即道即佛性，這心與古佛同也，即是真正佛陀之心。古佛並非古昔之歷史人物，是指自古至今之佛心，亦即是宇宙全體之大道心，佛性，心物不二之靈體。

從古至今活活潑潑創造萬物之心，是萬物生成活動之本性，亦名法身當體、法界體性、真如本性、佛性。無始無終故云古佛心，我人以及萬物之心亦不能例外，因我們迷著故，日用而不知，眾生普遍如此故，亦名平常心。

宗家所謂平常心是道，這平常心是無分別心，應該不是眾生心，眾生心是慮知心。

禪宗的大德趙州一日問南泉，如何是道？泉云平常心是道。趙州問：還可趣向否？泉云擬向即乖。趙州問：不擬爭知是道？泉云：道不屬知不屬不知云云。

這平常心是擬議的心，亦即是直覺的心，擬以思惟概念來把握這道是不可以的。道是時刻在流動的，真正體證其道是不屬知與不知的範圍。

普通所謂唯心，三界一心，是指認知一切萬物諸法之動態存在的心。這裏依學道境界而言，是精神統一之心，即將三界中事事物物之思惟心統一起來，只有一心，這時起觀察心之動態，這動態之原動力即是佛性，因為心是由佛性發生的，這原動力無形無相，必須藉心之動態去體驗直認，故學道應由心去學道。

學道的手段有多種，所謂方便有多門，有將身心放下來學道者，有拈舉來學道者，有思量來學道者，有不思量來學道者（即所謂放捨世俗之思慮心、邪心等等而成空無地學道），或提心來學道（即提起菩提心、古佛心、平常心來修）。而於心來學亦有運轉思惟來學，或完全超越思惟來學（所謂全部停止心意識的運轉來修學），本來學道沒有動思惟是不可能的。

但以思量來學道時，這思惟變為不思惟，即以無思惟來思惟，即所謂思量底之不思量，否則即學不來的。

釋迦傳道時授錦蘭袈裟衣以為證據，迦葉受衣以作傳道之依據，這亦是學道，故禪宗單依師資相承外別無學道可言。真言宗家以灌頂作為師資相承，此外亦無傳法之別徑，這師資相承都是真正的學道動作。

又有驗證的學道，云汝得我髓的學道門徑，有三拜依位而立的心法，這是出於禪宗證道故事。

一日達磨謂門人說：時將至矣，汝等盍言所得乎！時門人道副曰：如我所見不執文字，不離文字而為道用。達磨云：汝得我皮。尼總持曰：如我今所解，如慶喜見阿閦佛國，一見更不再見。達磨云：汝得我肉。道育曰：四大皆空，五陰非有，而我見處，無一法可得。達磨云：汝得我骨。最後慧可禮三拜後依位而立。達磨云：汝得我髓。果為二祖，傳法傳衣，這皆是心學道法門。

禮三拜是不思量之思量，依位而立即無思量底一物不毀，師是師，徒是徒，萬物依然明明白白地存在，心沒有絲毫間入雜念，一切都是心學道，以心傳心，以心學心，心是人之活動，能知一切萬物即心。故一切諸法皆是心。

想要出家、剃髮、著染衣等這都是心；另有回心與明心，回心即是轉迷執的凡夫回到佛心，將無明之心轉為明明白白的是明心。事事物物是心，若無此能看之心，那知有被看之物。故萬物唯心，三界的精神感度依人而不同，這感度是心故三界唯心。

釋迦出家入山修行亦是心，山即所入，入即是入於道，這是思量箇不思量底，思量是希望，不思量是道。

前面所述之學道，亦即是這思量即不思量之體得，山為所入即是體驗之沒入，釋迦捨棄王宮的享受即是捨世，捨世即非思量，世即是我的世界，捨世即是捨我，故云入山。入是思量之不思量的現成，捨是非思量的現成，這思量即是思量之端的。

不思量中雖有思量的一面，但卻是非思量之前提。超越這思量，非思量才是真正思量的現成，體驗雖是所謂超越思惟，但體驗決不離思惟，以通過思惟來體驗，才能動出體驗的思惟，這就是非思量，亦即是以心來學，亦即非思量來學思量。以無間雜之狀態去看思量心之動態。

禪宗大德藥山弘道大師一日坐次。有僧問：兀兀地思量箇什麼？師云：思量箇不思量底。僧云：不思量底如何思量？師云：非思量。

思量是心靈明白在，非思量是心不起他念，保持這當下之狀態謂之學，這狀態之本體即是道，所謂言語道斷，心行處滅，這是沒入於體驗之世界，全世界萬法即道之現成，凡夫大都有此境界的體驗，但日用而不知。

在修行上非思量之思量是凡夫初學之人的困難處，一定要明師指導。真言行人即以這非思量為起步，以意識思量來轉識為智。這工夫一作即當相即道，即事而真，因為直認萬物諸法即是道，當下的活動悉皆佛性，立地即身成佛。但對於佛性之靜態是禪與密都必要體驗的一著。密教的見性手段，可以說是特殊，以觀想胸中有一月輪，初如在薄紗中，漸漸地清而明，如秋天無雲的八月十六夜空之月，這時的心之狀態就是見性，亦都是思量之非思量的現成。

或入火生三昧，或入流水三昧等等廿五三昧，均能即時沒入於思量底之非思量，月輪現即見性，即是入禪那。

然要問：心是什麼？性沒有起用是沒有心的，心是性之現成，宇宙間森羅萬象，山河大地，日月星辰都是本性之現成，故一切事物皆是心，把握這箇端的予以保任就是修。以理具的立場一切事物皆心，皆是佛性，牆壁瓦礫皆佛性之現成，但修行中沒入於萬法中時，心不知是心，心了不可得，有心去分析即變成葛藤，無繩自縛，成為學道之障礙。

發菩提心

所謂發菩提心就是發修證之心，一般所說的發菩提心是發起意欲修行之心，有人看到人命無常死亡的時候發菩提心，有人事業失敗看破世情而發菩提心的，有人戀愛失敗而毅然發菩提心，有人聽了法師大德講經而發菩提心，人厭惡生老病死而嚮往涅槃發菩提心的，但這只是初發修道心而已，這種發心不能說是完全發道心。雖然在命相中可窺見人出家成分，然不一定就會出家，有人出家是一種逃避性質不能說是真正發道心，往往一段時間就還俗了，這種人還俗後對於道心是渺無蹤跡的。有人身為家庭環境所迫無法出家，但其人早已發道心，日日生活宛如高僧般地辦道。

這裏所說的發菩提心是指證道當時的心，這才是道心。這道心並非限於某些場合才會發的，人之心中本然就有這種心，在修證的過程中忽然會發此菩提心，這道心未發之前是思慮心不名菩提心，菩提心還是假名，只是證道之境界而已，故不屬有不屬無，不屬善不屬惡，亦不是無記，不是報地，不是緣起，只是時機的問題。

若沒有初發心去修行亦無法體認這菩提心，但亦不是得天獨厚天資高的人才能發菩提心。只有發非證不可的心，不斷地向大德們請求開示，時機一到必定會發此真正菩提心。

上述一般所說的發菩提心是淺義的發道心，真正的發菩提心是體驗的心，萬物與我自他一如體驗之心，古人所謂初發心即到是指此。這心是見性之心，宇宙一人之心，乾坤獨步之心，人境合一之心，是小我融入大我之心。這心不論在何處都可以發的，在地獄的境界可以發，在餓鬼境界亦可以發，在畜生境界亦可以發，在修羅境界亦可以發。這心發時是赤心片片的，見到萬物之當相沒有流動相的，是前後際斷的，不是連續的，是全機現成的。古人云：荷葉團團團似鏡，菱角尖尖尖似錐，不加思索之當體現成。又云：風吹柳絮毛毬走，雨打梨花蛺蝶飛，當下之境現成，是直覺的境界。

這心就是前述的古佛心，昔時有僧問大燈，什麼是古佛心，師云牆壁瓦礫，但要注意，不是牆壁瓦礫其物是古佛心，是我心一見牆壁瓦礫時之心，這心是體驗之心，不是概念或思慮心，是自己沒入於其中自他不二之心，這才是古佛心。這古佛心之端的就是平常心，不是凡夫日常的思慮心之平常心。不是此岸彼岸之對立心，不是眾生諸佛之對待心，不是過去心，不是未來心，不是現在心，過去已去，未來未至，現在刹那遷移，古佛心是無住著去應對現成之心，亦即直覺之心。

身學道

一般都認為只有心學道，所謂是心是佛，佛是心，以心作佛，但沒有赤肉團的身體怎能出生心來，心是由身心不二的現成。由身體去修行才能悟到佛性、道，故云體悟、體得、體驗，都是以身體來驗證的，普通科學家或做文章的人往往沒有注意到身而傾向於心，單用心去思考是概念不是體證，這不能說是學道的，無論什麼都要身來學。所謂身有小身與大身，大身是以宇宙萬物為一的身，小身是宇宙萬物中之不足道的自己小我之身。見性悟道是體證我即是道的大身，故要證得大身須由小身去修行才能體得的。這學道體得的大身即是真正的身。

修行而體證時宇宙萬物悉皆成為我身，這是小身以忘我而沒入於諸法的大身，即是真身之現成。

這身是光，實際上成了大身的人，全身是光炁，一般人一見其威嚴之光炁，自然會低頭，的確是不可思議。

這真身由學道得來，無論是心學道或身學道，都是由身體去學道的，是種身心一如的學道，修行時以身心一如去學道而得到身心一如的現成。

迷時身心依理而言，雖是佛，但自身是佛不知佛，這知不是概念之知，是體驗之知。由學道而親身體證本來是佛，這時才是其實的佛身，這時盡十方世界是箇真實人體，全世界收納於一人之身中，全世界即是身體，雖然是一軀肉身，但這時都是沒入於體驗世界的身體。

這真實的人體內容即是生死去來之身體，身體並非固定之身體，是刹那生滅的身體，由此而來，由此而去的流動之身體，方是真實的人體。

以此小身體為本，捨去十惡，堅守戒律，皈依佛陀，捨去俗緣出家，才能其實學道，故云其實人體，不可以自然外道之見解認為一切皆是自然，以為本來是佛不必修道，這是止於理念而已，沒有修行學道是不能體證的事。

所謂捨俗是忘卻自己，學道即身，沒有學不能得到身，身即學學即身，因為是即身成佛故，必須以身去學道，得到體證時，才是即身成佛的現成，這體證才是學道之重要點，修證就是學道。

禪宗大德百丈懷海禪師說，若執本清淨本解脫自是佛、自是禪道解者，即屬自然外道。這決非亂說的，教家講理雖是必要，但實即非也，因為缺乏實證也。

學道是積功夫累道行，如車之兩輪，如人之兩足，然後才能自由自在，而身心脱落無罣礙，體證後並非脱離社會，是如藤纏樹相倚為命，相互相成，因為社會是自他為一故才能生存下去，而且修道是以萬物諸法來修證自己的，開悟體證之後順隨世緣，有時機緣成熟，遇可度者度之，應為其説法者説之，有時應捨身者捨之，以萬物為我而作遊戲三昧。如果自威音王以前就證悟了，亦是沒有止境地行道下去，自無始劫至未來劫都是不間斷地學道修行才是佛行，佛佛祖祖皆是如此，並非證了就不必修了，道是無始無終地運行養育萬物，學道是學其道，道無止境故學無止境。理趣經云所謂發菩提心，則為於諸如來廣大供養，救濟一切眾生，則為於諸如來廣大供養，受持妙典，則為於諸如來廣大供養，於般若波羅密多受持讀誦自書教他書，思惟修習種種供養，則為於諸如來廣大供養。

上述供養乃是日常活動，不為自私自利而活動即是行道，即是如來理體也，即是道也，自他都是理體是道之現成，故活動即供養也。教化眾生即是道，為眾生服務即是道，這就是學道修道行道盡十方世界即我之大身，即是真實人體也。

真實人體是天下間事事物物當相一塵不毀的體驗，並非量界空間的廣狹，盡十方界是沒有空間界限的，是人之體驗的動態，是人生之當相萬物之現成。如八萬四千之說法都是蘊聚，佛教說：人有八萬四千煩惱，為了對治而佛說八萬四千法門，一一法門都是為一一不同煩惱的人說的，能說都是人，即是人體，亦即盡十方界。

又有八萬四千之三昧破八萬四千之煩惱蘊，三昧是沒入的體驗，其境地之心動態就是三昧，亦是道之具現，即盡十方界是八萬四千之說法，亦是道之現成。

又有八萬四千陀羅尼，陀羅尼是念誦之時直即會成佛之神秘咒語，亦名明，亦名言，所謂真言是真實之語言的具現，語言從心出，心是佛性之現成，佛性即道即菩提，這語言是法，亦是人體，亦是十方，說八萬四千就是轉法輪。普通說轉法輪乃是轉佛法，這亦都是佛道之現成。

法輪之轉處是互界互時的，是遍十方界而無始無終，永劫沒有間斷的，這即是體驗，這體驗有處所，這處所就是真實人體，是由學道而得來之吾人的身體，亦即學道得來的道體，由這身體轉法輪之處，即盡十方界，不外是永遠之未來的今之體驗，這世界不是地球，是人之體驗的時空動態，這世界是人創造的，而盡十方界的真實人體即是現在之汝，今之我，換句話說就是於今如實體驗之活動的我，於今體驗動態之汝了。總之體驗的自他就是盡十方真實人體，遵循這樣的方法去學道才是真實學道，是永劫無窮盡的互時之學道，無論三大阿僧祇劫、無量阿僧祇劫，捨身受身都是繼續不斷。阿即是「阿字本不生」的空性，或云無盡，僧祇是數，劫是長遠的時間，即無量無數的時間，雖經無量無數次之死而再生都是繼續地學道、行道。捨身是忘卻自我，忘卻自己去學道，由此才能有自己的現成，這叫做道環，週而復始的意思。

在循環無斷的學道過程中雖有進步或退步，但其學道活動都是修證的現成。禮拜問訊亦是學道，舉止動作威儀都是道之現成，都是自已之學道，因一舉一動現出人格之威儀，就是修道。

但有寂然不動的學道，所謂枯木畫圖、死灰磨磚！寂然不動比喻枯木，兀坐不動喻畫圖的丹青，死灰不燃喻灰身滅智，磨磚作鏡豈照像，這種盲修瞎煉的寂然不動之學道，事實不能體證，這是因為未逢大德指示不能得到其實活動的學道。雖是宴坐水月道場，降伏鏡裏魔軍，但有學道之意，會自思是日已過，命亦隨減之慮，但都不管一直無間斷地修下去，時機成熟自有明眼人來指點，所以學道是幽遠的，要有耐心才行。

古人云未明心地莫入山，應該捨俗出家之前要多方參問大德，很多人捨俗出家無師自煉，看來似已離浮世，悄然離開人里入山端坐，的確有一派學道的風貌，不與世人交往，不知以萬法來修證自己的秘法，這與樵夫沒有什麼不同，那有特別殊勝之處，出家獨自枯坐生活清貧，亦與普通之農夫百姓相同，很多這種人隱入深山愈深愈好，恐怕被人家發見攪亂心神，到頭來是坐成臭骨頭，民間信者以為是大修行人，極其尊重如見佛陀一般大行供養，這種修行人之中很多著魔，有人看見觀音菩薩現前來指點，或無形中有人傳音教他如何修習，還有修密宗的人宣稱見到本尊，這不但是鬼話，真是魔鬼戴上帝的假面具來欺騙世人。甚至在這廿世紀人類已進入太空的時代還非常吃香呢！嗚呼？

學道的人事先要識得方法，然後一心去修，不能認為我已經得道了，就到處去誇耀討論述悟，或以為我已通達了，其他的人太可憐了，就極欲向他說法擬度其成為弟子，其實自己還未修證而先發出悲心，這就是愛見悲，是障道的心魔，應徹底放下努力去修不可談邪正真偽，這種心理不是修道。辯論是非是是非人，會墮落意識概念的窠臼，自己去追究其善惡邪偽之根源出處，亦即自己之心的動處，由這動處去體證佛性之現成方是學道。很多五角買來三角就賣出去，蝕虧了本還不自知，故不可停滯於辯論。

前述的盡十方界即真實人體，不是指虛空的空間，不要誤認，人們雖然在這世界中，應觀念全世界是自己，才是真正盡十方界真實人體。

真言宗家把全十方世界的曼荼羅觀在自心月蓮上，諸佛菩薩六道眾生，包括動植礦物不漏入一滴盡在自心中，這方法是密教的特色，在生活上將自己融入大眾中，如道場觀時自己與佛入我我入成為宇宙一人來體驗盡十方界的體驗世界，這才是道之真正的世界以全入於箇的體驗世界。

故十方即轉法輪也，轉法輪即真實人體之活動，亦可以說：盡十方界在主觀表現，人體雖有自他之罣礙，但以盡十方界來論，即人體之自與盡十方界之他是箇一，以道體來說自他是不一不異的，是一如的，今之汝與今之我悉皆盡十方界之真實人體，這是根本問題，這道理若悟得，雖然汝我有差別，根本是平等無差別的，故云萬物與我同根，乾坤一人也，將自己沒入於全的道體，才能體驗真實人體的具現。

總而言之修證佛道是希望消除煩惱，證道而體合涅槃又不住涅槃。所謂涅槃者即宇宙常住之體性，並非灰身滅智，就一般而言，為引導苦海之迷者，故說現象是諸行無常苦空，生滅滅已寂滅為樂，來引導發心修行，為此往往有墮於厭世主義者。

所謂寂滅即涅槃體，並非空無所有之謂，涅槃當體即真如本性、佛性、如來理體，理體是出現萬物之根源，此法界體性動靜無常，故現生之萬物當體無常也。

菩薩住此涅槃境地即入無畏地，不畏貪恚愚癡，不畏生死老病的生滅法，亦不畏惡道、地獄、畜生、餓鬼的境界，到處作主隨喜，無所謂怖畏也。

人類是萬物之靈長，擁有超越的思考能力，也有善惡之觀念與行為之別，利人即為善，害人即為惡，善即自他有利，惡即自他不利，故需要有宗教來勸善滅惡，因此人類是不可一日無宗教的。

善惡大小有殊，最不能諒解的惡有二種，所謂阿修羅道，這並非指方立向有所其人，在人類當中有此性情者皆謂阿修羅，譯為無酒，好鬥，它不得飲酒，一飲酒內心潛在的暴燥性大發如火中燒，迷醉時不審好歹，親人朋友者視若仇人，而生好鬥之心，舉刀亂殺，連親人好友都照殺無誤，吾人的社會是時常看到的，這不止是俗流之輩，鼎著博士頭銜者，身為人民代議士，西裝革履，都在國會殿堂大操干戈，實是衣冠動物。這可謂惡。

又有所謂闡提者，聽人們説教不知自愧而惱羞成怒向人大討便宜，誹謗大乘方等經典，目中無人好像無政府主義，犯四重禁，即戒條中之四波羅夷罪，一般所謂淫、盜、殺、妄語。男人以小便處及口二道為淫處，女即以大小便處及口三處為淫處。

密教之四波羅夷，上述四重禁之外，另立四種，一捨正法，二捨菩提心，三慳吝勝法，四惱害眾生，此謂三昧耶戒，若不守三昧耶戒者學佛不成。

人類中有十界，乃心法界也，即地獄、餓鬼、畜生此為三惡道，次人道，人道中六道善惡均有，另外天道即屬善道，而修羅道在人天畜生之間，以上合稱六道；由善道而發心修行即能成就四聖，其中聲聞、羅漢、菩薩、佛為四聖道，合之謂十法界。人天等六道分為三界，是依修行之心的昇華程度來說，有如柔道的段數般。三界者一欲界、二色界、三無色界，這界是凡夫心的五蘊之淨化層次，未曾淨化就有蘊聚單位，而成為輪迴種子，故名為有，欲界十四有，色界七有，無色界四有，共三界廿五有。羅漢是以定力工夫伏住心之活動，所以如果喜樂寂滅相的就會住於阿羅漢果，其定力盡即醒來，如矢射虛空力盡矢還墮。菩薩住無所畏地，混光和俗，在塵而不染塵如蓮花在泥中不染泥，又如鶴立雞群、花在蓬草中一支獨秀。

密教行者由大阿闍梨指導及授與灌頂即住佛位，立於菩薩位地去修佛道，修得廿五三昧，即時可壞三界廿五有。

所謂禪思想有二傾向，一是上述的以萬法來修證自己的生活禪，一是以定力來進入真空正位而住的禪，前者是菩薩的活禪，後者是厭世的寂禪。但禪是無門為門的直入法門，非大根大器是非常難入的，密是有門可修的法門，若得到密法的傳授乃能橫超，從空出有，這時之有即妙有，若修廿五三昧斷廿五有就可以不離父母所生身，即身成佛位。

一般學修需修三大阿僧祇劫才能成佛，密之三大阿僧祇劫即是貪瞋癡三毒的象徵，凡夫之三毒是小我自私，聖人之貪瞋癡是擴大的，貪自己擴大為貪愛宇宙眾生，為眾生難調而瞋，為愚夫而獻身於教化服務為癡，縮小即為毒，擴大變為德，大小差別聖凡懸殊。

這三界廿五有即是迷昧凡夫之貪瞋癡三毒蘊聚，皆是人體之眼耳鼻舌身意所收之色聲香味觸諸法之蘊聚，故名五蘊，心經云行深般若波羅蜜多時照見五蘊皆空，其實五蘊非真業非有，能觀與所觀是心，心迷故非真認為真，如照相的底片，看來是有的，摸之實無，這蘊聚就是人之靈魂，能收納之心迷時是識，悟時是智，智是透視事物當相空理之識體，故密教裏六大中之識大不名智大，若將一切歸於智時即見一切皆空，那麼就無法辦事了，因為我們的經驗、感情、所有學問是後天外來的。真言行者則用以毒攻毒的手段，如上述不滅貪瞋癡而擴大貪瞋癡，有如人不知水性者見水為苦海，而知水性者視為游泳池，迷人視人間為苦海，悟者以人間為道場佛刹。迷者恐怕靈魂消滅，等於喜歡迷界之輪迴，悟者雖保持靈魂，但以此來大作佛事。凡夫感受苦痛煩惱之靈魂，猶如身體某部份受傷而結成血瘀，致使氣滯不通而痛苦，以禪功之空藥癒化之，氣血流通苦痛就沒有了，但這時人的心之動態，如癡如醉，不能行道利益眾生，所謂獨善其身之自了漢，不名菩薩。如果連身體都化掉了，這時則入正位為理體如來，但如來德性無常而生化萬物，人雖歸大靈，卻又分為萬物共有，這時還是如來的等流身，亦就是平等流出之身。真如不守自性而生萬物，從萬物面是眾多之生物，以如來這面來看是大身。我人可以將這小身留住而精神融入大身去活動，所謂佛不離世間覺。

因為迷昧之凡夫心態各不相同，佛為此廣開八萬四千法門，門門透長安。章前所述的是八萬四千法門之濃縮，但禪是無門為門故不一定人人能接受。真言行者將三界廿五有八萬四千法門縮為廿五三昧，修之即身成佛，若大根大器者不必摘枝尋葉，有金胎一炁即身成佛三摩地法，二千五百餘年前佛已發明，可與廿一世紀科學齊駕並驅，是最古老而最新的絕技，修此三摩地法並非寂然不動的寂禪，是以一切煩惱化為智慧之靈丹，不論士農工商不礙崗位，真是攪長河為酥酪，煆大地為黃金之絕學。

若自感根器低劣，則可依其環境習氣去選擇廿五三昧中之一種修之亦可即身成佛。廿五三昧如下：

一、修得無垢三昧，能壞地獄有。

二、修得無退三昧，能壞畜生有。

三、修得樂三昧，能壞餓鬼有。

四、修得歡喜三昧，能壞阿修羅有。

五、修得日光三昧，能壞弗婆提有（東勝洲，又名弗鞞陀提洲）。

六、修得月光三昧，能壞瞿耶尼有（西大洲，又名西牛貨洲）。

七、修得熱炎三昧，能壞鬱單提有（北拘盧洲，名勝生，以定故壽千歲衣食自然）。

八、修得如炎三昧，能壞閻圖浮提有（南贍部洲，為四惡趣）。

九、修得一切法不動三昧，能斷四天趣有（六欲天之第一趣）。

十、修得難伏三昧，能斷三十三天趣有（即忉利天，為欲界第二趣）。

十一、修得悅意三昧，能斷閻摩天有（善分天，時時受快樂，又謂息災天）。

十二、修得青色三昧，能斷兜率天有(五欲知足，依空而居，此一晝夜人間四百年)。

十三、修得黃色三昧，能斷化樂天有(六欲天之第五，此一晝夜人間八百歲)。

十四、修得赤色三昧，能斷他化自在天有(六欲天之第六，為欲界之主與色界摩醯首羅天，皆是害正法之魔王，人們要成道時前來測試而障害者，天魔也)以上為欲界十四有。

十五、修得白色三昧，能斷初禪天有(四禪天之第一，色界天之離欲，色界初禪有三天，一、梵眾天，二、梵輔天，三、大梵天，即清淨義)。

十六、修得種種三昧，能斷大梵天有(初禪中之最高者，為色界第一)。

十七、修得雙三昧，能斷二禪有（為色界天之第二，此有三天，一小光，二無量光，三光音天）。

十八、修得雷音三昧，能斷三禪有（色界之第三禪天，名定生喜樂，深妙之禪定生身心之快樂，三界九品中以此天為樂受之極限為三界中第一）。

十九、修得住注雨三昧，能斷四禪有（色界四禪天，無鼻舌二識，唯眼耳身意，喜受與意相應）。

二十、修得虛空三昧，能斷無想有（無想有情之天，第四禪廣果天）。

廿一、修得照鏡三昧，能斷淨居天，阿那含有（名入流，不還不來，斷欲界煩惱之聖者，當來不生欲界，此天有四，一須陀洹、二須陀含、三阿那含、四阿羅漢，此即其第三阿那含果）。

廿二、修得無礙三昧，能斷空處有（以下四空處為四有，屬無色界天，無色界第一）。

廿三、修得常三昧，能斷識處有（無色界天之第二）。

廿四、修得樂三昧，能斷不用處有（無色界天之第三）。

廿五、修得我三昧，能斷非想非非想處有（無色界之第四）以上無色界四有。

三昧即三摩地法，以意識來轉智的密法，應向有成就之阿闍梨求授之，自修外依阿闍梨之加持灌頂亦有必要的，這種加持是入我我入的念波加持，將師父的境界心態注入弟子心識中，弟子的心境界變成與師心態相應不二。

行佛威儀

前面有時說心學道，有時說身學道，有時說身心學道，為恐初學佛人固執物質面故，極力地說以心學道，但最終都是身心不二的學道，身之動作是由心支配，心是身體所衍生出來的，沒有身體是不能修行學道，故身之威儀即是行佛威儀，行佛即是佛之行動，故行即佛也。威儀亦即是人格之表現，行足威儀即是佛。

行佛不是報佛，不是化佛，不是自性身佛，不是他性身佛，亦不是始覺本覺，亦不是性覺本覺，如是等諸佛不可以行佛相提並論，行佛是全機的現成，若不如是即尚未脫離佛縛、法縛，而成為佛魔、法魔等類。

所謂佛縛者，即是對於菩提之知見尚未通達導致錯解，即所謂邪見，無繩自縛也。把概念性的菩提直認為是菩提即是邪見也，不知當體之行佛即是菩提而生佛執、法執，即如樹倒藤不枯一樣，藤綿延地纏縛甚至茂盛，這都是生活於佛邊的窠窟中，以為我與佛同住於平等地的邪見人，根本不能顯出佛之本質的法身，亦所謂法身病態，從而無法將真正的佛智顯現活動出來，亦所謂報身困窮，而不知不覺真正行佛之道。

教家、經師、論師等所說的佛道、佛法，只是遠聞的概念，即於法性起了法性見，這就是無明，教家說法性起法性見，不言法性縛，這才是無明的重縛，不知有法性縛的人只是停於隔岸觀佛狀態，離佛遠矣。自己若知有此法性縛，即可發菩提心之種子，行佛即是已經脫離此縛的生活行為。

無明縛即是沒有全機現成的行動，僅止於概念性認知的心態，依字義而言即是不了解，不明事理之謂。若換箇理念來說，或云無明即涅槃，或云無明即菩提，或云無明實性即佛性，那麼這無明是種渾沌狀態，如人睡眠時亦是人，醒來時亦是人，但睡眠時是渾沌的無明狀態，醒時是覺體現成的明之狀態，故有無明對覺的出現。

但對於修行的人而言，身體五根的知覺當體不知是佛性之現成，對於佛性生起尋求想的概念思惟方式，這叫做無明、渾沌，若知此為無明的念頭存在還是無明，可以說這無明不是放在內，就是放在外一樣，其實自己以外並沒有什麼無明，要將無明轉為明沒有別法，只有把自己全身沒入於無明渾沌中去，只有無明，外無別物這時才是真正轉無明的明為覺。一般初學者會感覺念頭很多，要念誦阿彌陀佛來壓制此念頭，其實這念佛的念亦是雜念，雜念來時一知覺，雜念就變為覺了，心只有一箇，一起邪念而卒然一覺，邪念就變成覺體，不必頭上安頭，這卒然一覺的時候就是全機現的。

古德云若知自己是罪惡最深重的人即是真正的覺，自己以外去處理無明即成無明縛，自己沒入於無明中，無明即成為體驗的世界，將無明置於外就成了縛了，自己沒入無明，曰無無明的內外存在，當體就是覺了。

這時候才知無明就是真如，真如即無明，將自己沒入於體驗世界即所謂人境一如，盡十方界即成其實人體，這體驗只有「行」以此外沒有別的方法。古時禪德臨濟立了四箇方法，有奪境不奪人，有奪人不奪境，有人境俱奪，有人境俱不奪，初行道時將自己沒入於渾沌的體驗世界，大概都屬於人境俱奪的境地。

《法華經》中說：我本行菩薩道，所成壽命今猶未盡，復倍上數也。這段文句一般解釋為，我本來為修菩薩道，故所成之壽命至今而猶未盡，尚且還有加倍無數也。這種解釋過於膚淺，應解釋為，我的本地是行菩薩道者，所做的事業而今還未休止，還要倍加努力。

行佛道行菩薩道是沒有止境的，故壽命猶未盡。已成法佛者當然與宇宙為一，壽命那有數量，未成佛時的菩薩行是不可中斷的。日日的修行是全所成的全壽命，菩薩以「行」為壽命，自古至今一直地修行宛如一條鐵鍊，但其日日修行就是壽命。如世人從事政治的生涯當中即為政治生命，政治不做了，就是政治生命終結。

行佛就是行菩薩道，菩薩道無始無終，故菩薩的壽命無始無終。以行者而言不必罣礙什麼壽命，只有拋卻百年壽命的觀念不斷修道就是了。這種乾坤任縱橫的菩薩道行儀心態看來確實很迷人！

古德云修證不無，污染卻不得，修證當下即是行佛了，禪宗大德曹溪六祖云祇此不污染，是諸佛所護念，汝亦如是，吾亦如是，乃至西天諸祖亦如是，然即汝亦如是故諸佛也，吾亦如是故諸佛也。誠不屬汝，亦不屬吾，不用去執著修證之有無，即是不污染，如吾是吾諸佛所護念，如汝是汝諸佛所護念，此即行佛威儀也。吾亦之故，師勝也，汝亦之故資強也，師勝資強即行佛之明行足也。因為我亦是諸佛，汝亦是諸佛故，不得立汝吾之別，這是體驗世界的狀態，若有對立即是污染了。所以修證並非教家、經師、論師等的概念心態，所謂性啦！所謂相啦！本啦！末啦的問題，是自他融為一如的行佛威儀。

這一舉一動的行儀就是佛之現成，沒有行佛威儀就沒有佛的現成，行當體就是佛故於行佛之間自然有佛的現成。

這行佛中有為法而捨身者，即所謂將身投入於法中，有為身而捨法者，即為萬法一如之身而捨所執著的法，有不惜凡夫之身命而惜宇宙六大之法身身命者，不但為佛法而捨邪法，亦有為佛心而捨偽法之威儀，所謂捨無量的執著心。行佛威儀中不可以拈佛量來測量大道，即所謂不可以心中有個佛的觀念存在去擬測道體，古德云佛量是止於一隅，如花開而已。亦不可以心量來摸索威儀，不可擬議也。

有概念的心量是一面的，譬如人間世界的一莖之草，能夠透視其中之宇宙觀，這才是明明的佛祖心量，若僅以普通的草木去認知行佛之蹤跡那只是極限的片面而已。

古人云花開世界起，所謂一言花開，大家都認為是春天的印象，這都是止於一面的淺見，一年四季春夏秋冬，豈止於春天才會開花，這種觀念不能展現全部之春，因為春天才是花開的時節的概念已成固執，一年中豈止於春天才會開花，有夏天開的，有秋天開的，有冬天開的，所以用概念的心去摸索威儀即行的具體活動是不可以的。若善能見徹行佛威儀，才能體悟真正包容事事物物的體驗的一心量。

若以行佛之動靜相來測試即會成為固定，亦是不可能測量道體之謂何物。因道體是無量而無限大的，是過量的，不可以固執的心量去測量行佛威儀，是不及量而使不得的。

對此行佛威儀還有一值得探究的地方，所謂行佛，就是即佛即自，當然是行的自己，故云行佛，行故才會現成佛，以目前的所有事事物物，一物不毀地現成，以前所謂吾亦汝亦的威儀現成，即如是來，如如來，如來的現成，佛的現成。所謂行佛威儀，不外是即佛即自的端的之現成，「佛即行」即如如地現成處，就是吾亦汝亦然了。

《法華經》中有云：唯佛與佛乃能究盡，次又云：唯我知是相，十方佛亦然。自己沒入於他故自他一如，自他都是佛故，吾知即十方佛亦知，一切事物的體驗即是自己，故唯我能知是相，十方佛是自己與萬物一體也，唯我能也，這是身心脱落的境界——無我。行佛威儀即依唯我能來現成，要體取體會，即需將自己一切放下捨掉，沒入於事事物物之中，以他為我，以之而行來體驗。

若言要保任，初學時的確有點困難，但是要知道諸法、諸身、諸行、諸佛，這行儀是不得參雜別念進去的，只有一味投入才成。亦不得變成癡人，或像植物人，不見一物、不見一法的空無心態，這種心態會墮入灰身滅智，應該事事物物明明白白一物不毀，當相當下去接觸體驗這體證的當時之自內證，亦即自受感覺，此能覺之心與所覺之物，當下直認這是佛性。

我人在日常生活中，在嬉戲時一心嬉戲不間入別個念頭，即所謂直入遊戲三摩地，見花時一心賞花之嬌艷妙諦即入華鬘三摩地，在唱歌或聽歌時一心投入即入歌唱三摩地，在觀舞或跳舞時身心一切投入即入舞蹈三摩地，寫字有寫字三摩地，繪畫有繪畫三摩地，故有書畫道之名，泡茶有泡茶品嘗三摩地故曰茶道，打拳有打拳三摩地故有拳道之名，事事物物皆道，一切活動皆有三摩地，凡夫日用而不自知罷了。換言之即在一切活動時將全身心投入，無我地去做即是行佛威儀。一般通常都不能專心，不必要的妄念橫生，故在道中而不知道。

應該在做事當中要專心，而休息時好好念咒，我為太空，太空即我，我是太空之混化物，我已無念無想無罣礙，無罣礙故無有恐怕，無有一切煩惱，我已成乾坤一人。這咒非常有力不可思議。

平常時接人待物，該事來即應，事去勿留，以無住生心來保任悟境，瓜熟蒂落，水到渠成，這行儀硬性的壓抑，不需要的念頭起時，應時一覺念頭自殞，如像龜伸出用指一點其頭自縮。

妄念亦是心，壓抑之念亦是心，以妄打妄是多餘的煩惱，古人云不怕念起只怕覺遲，念起是病不續是藥。

附錄一：《一真法句淺說》

悟光上師《證道歌》

一真法句淺說

嗡乃曠劫獨稱尊，今大毘盧即我身，時窮三際壽無量，體合乾坤唯一人。

嗡又作唵，音讀嗡，嗡即皈命句，即是皈依命根大日如來的法報化三身之意，法身是體，報身是相，化身是用，法身的體是無形之體性，報身之相是無形之相，即功能或云功德聚，化身即體性中之功德所顯現之現象，現象是體性功德所現，其源即是法界體性，這體性亦名如來德性、佛性，如來即理體，佛即精神，理體之德用即精神，精神即智，根本理智是一綜合體，有體必有用。現象萬物是法界體性所幻出，所以現象即實在，當相即道。宇宙萬象無一能越此，此法性自曠劫以來獨一無二的尊實、故云曠劫独稱之。此体性的一中有六種不同的性質，有堅固性即地、地並非一味，其中還有无量无边屬堅固性的原子，綜合其堅固性假名為地，是遍法界无所不至的，故云地大。其次屬於濕性的无量无边德性名水大，屬於煖性的无量无边德性名火大，屬於动性的无量无边德性曰風大，屬於容納无碍性的曰空大。森羅万象，一草一木，无論动物植物礦物完全具足此六大。此六大之總和相涉无碍的德性遍滿法界，名摩訶毘盧遮那，即是好像日光遍照宇宙一樣，翻謂大日如来。吾們的身体精神都是祂幻化出来，故云六大毘盧即我身，这毘盧即是道，道即是創造万物的原理，當然万物即是道体。道体是无始无终之灵体，沒有時間空間之分界，是沒有过去現在未来，沒有東西南北，故云時窮三陀的無量壽命者，因祂是整個宇宙為身，一切万物的新陳代謝為命，永遠在創造為祂的事業，祂是獨一的不死人，祂以無量時空為身，沒有與第二者同居，是個绝对孤单的老人，故曰体合乾坤唯一人。

虛空法界我独步，森羅万象造化根，宇宙性命元灵祖，光被十方無故新。文

祂在这無量無边的虛空中自由活动，我是祂的大我法身位，祂容有無量無边的六大体性，祂有無量無边的心王心所，祂有無量無边的万象种子，祂以蒔種，以各不同的种子與以滋润，普照光明，使其現象所濃缩之种性與以展現成為不同的万物，用祂擁有的六大為其物体，用祂擁有的叡智精神（生其物）令各不同的万物自由生活，是祂的大慈大

悲之力，祂是万象的造化之根源，是宇宙性命的大元灵之祖，万物生从何来？即从此来，死从何去？死即归于彼处，祂的本身是光，万物依此光而有，但此光是窮三际的無量寿光，这光常住而遍照十方，没有新旧的差别。凡夫因执于时方，故有过去現在未来的三际，有东西南北上下的十方观念，吾人若住于虚空中，即三际十方都没有了。物质在新陳代谢中凡夫看来有新舊交替，这好像機械的水箱依其循環，進入来为新，排出去为舊，根本其水都没有新舊可言。依代谢而有時空，有時空而有寿命長短的观念，人们因有人法之执，故不能窺其全体，故迷于現象而常沉苦海無有出期。

隐顯莫测神最妙、璇轉日月貫古今、貪瞋煩惱我密歸、

生殺威權我自與奪

毘盧遮那法身如來的作業名羯磨力，祂從其所有的種子注入生命力，使其各類各々需要的成分發揮變成各具的德性呈現各其本誓的形体及色彩，味道，將其遺傳基因寓於種子之中，使其繁衍子孫，這源動力還是元靈祖所賜。故在一期一定的过程後而隱沒，種子由代替前代而再出現，這種推動力完全是大我靈体之羯磨力，凡夫看來的確太神奇了，太微妙了。不但造化万物，連太空中的日月星宿亦是祂的力量所支配而運轉不休息，祂這樣施與大慈悲心造宇宙万象沒有代價，真是父母心，吾們是祂的子孫，却不能荷負祂的使命施與大慈悲心，還迷途的眾生真是辜負祂老人家的本誓的大不孝之罪。祂的大慈悲心是大貪，眾生欲負祂的本誓，祂会生氣，這是祂的大瞋，但衆生還在不知不覺的行為中，如有怨嘆，祂都不理而致之，這是賜我們衆生好了也生活着，這是祂的大癡，這貪瞋痴是祂的心理祂本有的德性，本來具有的，是他的密號。祂在創造中不斷斷地成就衆生的成熟。如菓子初生的時只有發育，不到成熟不能食，故未成熟的菓子是苦澁的，到了長大時必須使其成熟，故應與以殺氣才能成熟，有生就應有殺，加了殺氣之後成熟了，菓子就掉下來，以世間看來是死，故有生必有死，這種生殺的權柄是祂獨有，萬物皆然，是祂自然興起的，故云生殺威權我自興。祂恐怕衆生創造之疲空，不斷地動祂的腦筋使衆生創造不空成就，這些都是祂為衆生的煩惱，這煩惱還是祂老人家的本誓云密號，本有功德也。

六道輪迴戲三昧，三界唯納在一心，魑魅魍魎邪精怪，妄為執着意生身。」文

大我体性的創造中有动物植物礦物，动物有人類、禽獸、水族、蟲類等其有感情性欲之類，植物乃草木具有繁子孫之類、礦物即礦物之類。其中人類的各种機能組織特别灵敏，感情愛欲思考經驗特别發達，故為万物之灵長、原始時代大概相安無事的，到了文明發達就創了禮教，有了禮教扶持教化使其反璞歸真，創了教條束縛其不致出規守其本分，却成其反造成越規了，這礼教包括一切之法律、法律並非道之造化法律，故百密一漏之處在所難免，有的法律是保護帝王万世千秋不被他人違背而設的，不一定对於人類自由思考有幫助，所以越嚴格越出規，所以古人

沒私出有大偽、人類越文明越不守本份，欲望橫飛要衝出自由，自由是萬物之特權之性，因此犯了法律就成犯罪，罪是法沒有自性的、看所犯之輕重論處，或罰款或勞役或坐牢，期間屆滿就算罪了。但犯了公約之法律或逃出法網不被發現，其人也会悔而自責，誓不復犯，那麼此人的心意識就有洗滌潛意識的某程度，此人也定還会死後再生為人，若不知忏悔但心中還常感苦煩、死後一定墮地獄，若犯罪畏罪而逃不敢面对現實，心中恐懼怕人發見，这种心意識死後会墮於畜生道。若人欲望熾盛慾火沖冠，死後必定墮入餓鬼道。若人作善意欲求福報死後会生於天道。人心是不定性的，所以在六道中出沒，沒有了時，因為它是凡夫不悟真理才会感受苦境。苦樂感受是三界中事，若果修的悟了道之本體，與道合一入我我入，成為乾坤一人的境界，向下觀此大道即是產出發的現像，都是大我的三昧遊戲吧了。能感受所感受的三界都是心，不但三界，十界亦是心。故三界滙納在一心。魑魅魍魎邪精怪是山川木石等乃孕育天地之靈氣，然後變了動物之精液幻成，變了人之精液即能變為人形，變了猴之精液變猴，其他類推，這種怪物即是魔鬼，它不會因過失而懺悔，任意胡為，它的心是是一種執着意識，以其意而幻形，此名意成身。幻形有三條件，一是幽質，二是念料材質，三是物質，比如說我們要畫圖，未紙上先想所畫之物，這是幽質，未動筆時紙上先有其形了。其次提起鉛筆繪個形記稿，此即念料材質，次取來彩色塗上，就變成立體之相，都可亂真了。

啫啞矇聾殘廢疾、病魔纏縛自迷因，心生覺了生是佛，心佛未覺佛是生」之

人們自出生時或出生了後，罹了啫啞、或眼盲、或耳聾或殘廢疾病，都與前生所作的心識有關，過去世做了令人憤怒而被打了咽喉，或眼目、或殘廢，或致了病入膏肓而死，自己還不能懺悔，心中常存怨恨，這種潛意識帶來轉生，其遺傳基因被其破壞，或在胎內或出生後會現其相。前生若能以般若來觀照五蘊皆空，即可洗滌前愆甚至解縛證道，眾生因迷（不諳）於宇宙真理，執着人法故此也。人們的造惡業亦是心，心生執着而不自覺即迷沉苦海，若果了悟此心本來是佛性，心生迷境而能自覺了，心即回歸本來面目，那個時候迷的眾生就是佛了。這心就是佛，因眾生迷而

不覺故佛亦是眾生，是迷悟之一念間，人們應該在心之起念間要反觀自照，以免隨波着流。

罪福本空無自性，原來性空無所憑，我這一覺超生死，

慧光朗照病除根。

罪是違背公約的代價，福是善行的人間代價，這都是人我之間的現象界之法，在佛性之中都沒有此物，六道輪迴之中的諸心所法是人生舞台的法，人們只迷於舞台之法，未透視演戲之人，戲是假的演員是真的，任你演什麼好忠角色，對於演員本身是毫不相關的，現像無論怎麼演變，其本來佛性是如如不動的，所以世間之罪福無自性，原來其性本空，沒有什麼法可憑依。戲劇中之盛衰生死貧富根本無佛性的演員都沒有一回事，法華經中的譬喻品有長者

子的寓意故事，有位長者之子本來是無量財富，因出去玩要被其他的孩子帶走，以致迷失不知回家，成為流浪兒，到了長大還不知其家，亦不認得其父母，父母還是思念，但迷兒流浪了終於受傭於其家為奴，雙方都不知是父子關係，有一天來了一位和尚，是有神通的大德，對其父子說你們原來是父子，那個時候當場互為相認，即時回復父子關係，子就可以繼承父親的財產了。未知之前其子還是貧窮的，子知之後就成富家兒了。故喻迷沉生死苦海的衆生若能被了悟的大德指導，一覺大我之道就超生死迷境了。了生死是了解生死之法本來迷境，迷了情就是智慧，智慧之光朗照，即業力的幻化迷境就消失，病魔之根就根除了

阿字門中本不生、吽開不二絕思陳、五蘊非真業非有、

能所俱泯超主賓

阿字門即是涅槃體、是不生不滅的佛性本體、了知諸法自性本空沒有實體，眾生迷於人法，金剛般若經中說的四相、我相、人相、眾生相、壽者相，凡夫迷著以為實有，四相完全是戲論，佛陀教吾們要反觀內照，了知現象即是空，要將現象融入真理，我與道同在，我與法身佛入我我入成為不二的境界，這不二的境界是絕了思考的起沒、滅了言語念頭，靈明獨耀之境界，所有的五蘊是假的，這五蘊堅固就是世間所云之靈魂，有這靈魂就要輪迴六趣了，有五蘊就有能思與所思的主賓關係，要發心所諸法而執著、能所主賓斷了，心如虛空，心如虛空故與道合一，即時回歸不生不滅的阿字門，不然的話，迷著於色聲香味觸之法而認為真，故生起貪愛、瞋，恚、愚痴等翳蓋佛性，起了生死苦樂感受，諸法是戲論，佛性不是戲論，佛陀教吾們不可認賊為父。

「一切三世一切佛，應觀法界性一真，一念不生三三昧，我法二空佛印心。」

應該知道三世一切的覺者是怎樣成佛的，要了知一個端的應觀這法界森羅萬象是一真實的涅槃性所現，這是過去佛現在佛未來佛共同所修觀的方法，一念生萬法現，一念若不生就是包括了無我、無相、無願三種三昧，這種三昧是心空，不是無知覺，是視之不見、聽之不聞的靈覺境界此乃一真法性當體之狀態，我執法執俱空即是入我我入，佛心即我心、我心即佛心，達到這境界即入禪定，禪是體定是心不起、二而一、衆生與佛。釋迦拈花迦葉微笑印此端的。因為迦葉等五百羅漢，均是不發大心的外道思想意識潛在、故開了方便手拈畢波羅花擺動，大衆均不知用意、但都唯然一念不生注視着、這端的當作印佛性本來面目、可惜錯过機会、只有迦葉微笑表示領悟、自此別開一河的無字法門禪宗、見惜了緣不能發大心都是独善其身的自了漢。

菩薩金剛鉄眷屬、三緣無住起悲心、天龍八部隨心所、神通変化攝鬼神。文

羅漢在高山打瞌睡，菩薩落荒草、佛在世間不離世間覺、羅漢入定不管世事衆生死如在高山睡覺、定力到極限的時候就醒來、会起了念頭、就隨下來了。菩薩是了悟衆生

本俱即佛德，已知迷是苦海，覺悟即極樂，菩薩已徹底了悟了，他就不怕生死，留惑潤生，拯救沉沒海中的眾生，如人已知水性了，入於水中會游泳，苦海變成游泳池，眾生是不知水性故會沉溺，菩薩入於眾生群中，猶如一支好花入於蔓草之中，鶴立雞群，一支獨秀，佛世間、眾生世間、器世間，都是法界體性所現，在世間覺悟道理了，就是佛，所以佛在世間並無離開世間。佛是世間眾生的覺悟者，菩薩為度眾生而開方便法門，但有頑固的眾生不受教訓，菩薩就起了忿怒相責罰，這就是金剛，這是大慈大悲的佛心所流露之心所，其體即佛，心王心所是佛之眷屬，這種大慈大悲的教化眾生之心所，是沒有能度所度及功勞的心無住生心，歸納起來菩薩金剛都是大悲毘盧遮那之心。

此心即佛心，要度天或鬼神就変化同其趣。如天要降雨露的話法界衆生就変天龍，要守護法界衆生就変八部神將，都是大日如來心所所流出的。祂的神通変化是莫測的，不但能度的菩薩金剛，連鬼神之類亦是毘盧遮那普門之一德、普門之多的總和即總持，入了總持即普門之德具備、這總持即是心。

無限色声我實相，文賢加持重重身，聴我法句認諦理，一轉彈指立歸真。

心是宇宙心，心包太虛，太虛之中有無量基因德性，無量基因德性即普門，色即現前之法，声即法相之語，語即道之本体，有其声必有其物，有其物即有其色相，無限的基因德性，顯現無限不同法相，能認識之本体即佛性智德、顯現法相之理即理德、智德曰文殊、理德曰普賢，法界之森羅萬象即此理智冥加之法，無量無邊之理德及無量無邊之智德，無論一草一木都是此妙諦重重冥加的總和，所以基因德性之不同，顯現之物或法都是各各完成其任務之相，若不如是萬物即呈現清一色、一味、一相，都沒有各各之使命標幟了。這無限無量的基因德性曰功德，這功德都藏於一心之如來藏中，凡夫不知故認後天收入的塵法為真，將真與假合璧，成為阿賴耶識，因此沉迷三界苦海了。人們若果醒了這道理而覺悟、即不起于座立地成佛了。

附錄一：《一真法句淺說》──悟光上師《證道歌》

【全文】

嗡乃曠劫獨稱真，六大毘盧即我身，時窮三際壽無量，體合乾坤唯一人。
虛空法界我獨步，森羅萬象造化根，宇宙性命元靈祖，光被十方無故新。
隱顯莫測神最妙，璇轉日月貫古今，貪瞋煩惱我密號，生殺威權我自興。
六道輪回戲三昧，三界匯納在一心，魑魅魍魎邪精怪，妄為執著意生身。
喑啞蒙聾殘廢疾，病魔纏縛自迷因，心生覺了生是佛，心佛未覺佛是生。
罪福本空無自性，原來性空無所憑，我道一覺超生死，慧光朗照病除根。
阿字門中本不生，吽開不二絕思陳，五蘊非真業非有，能所俱泯斷主賓。
了知三世一切佛，應觀法界性一真，一念不生三三昧，我法二空佛印心。
菩薩金剛我眷屬，三緣無住起悲心，天龍八部隨心所，神通變化攝鬼神。
無限色聲我實相，文賢加持重重身，聽我法句認諦理，一轉彈指立歸真。

【釋義】

嗡乃曠劫獨稱真，六大毘盧即我身，時窮三際壽無量，體合乾坤唯一人。

嗡又作唵，音讀嗡，嗡即皈命句，即是皈依命根大日如來的法報化三身之意，法身是體，報身是相，化身是用，法身的體是無形之體性，報身之相是無形之相，即功能或云功德聚，化身即體性中之功德所顯現之現象，現象是體性功德所現，其源即是法界體性，這體性亦名如來德性、佛性，如來即理體，佛即精神，理體之德用即精神，精神即智，根本理智是一綜合體，有體必有用。現象萬物是法界體性所幻出，所以現象即實在，當相即道。宇宙萬象無一能越此，此法性自曠劫以來獨一無二的真實，故云曠劫獨稱真。此體性的一中有六種不同的性質，有堅固性即地，地並非一味，其中還有無量無邊屬堅固性的原子，綜合其堅固性假名為地，是遍法界無所不至的，故云地大。其次屬於濕性的無量無邊德性名水大，屬於煖性的無量無邊德性名火大，屬於動性的無量無邊德性曰風大，屬於容納無礙性的曰空大。森羅萬象，一草一木，無論動物植物礦物完全具足此六大。此六大之總和相涉無礙的德性遍滿法界，名摩訶毘盧遮那，即是好像日光遍照宇宙一樣，翻謂大日如來。吾們的身體精神都是祂幻化出來，故云六大毘盧即我身，這毘盧即是道，道即是創造萬物的原理，當然萬物即是道體。道體是無始無終之靈體，沒有時間空間之分界，是沒有過去現在未來，沒有東西南北，故云時窮三際的無量壽命者，因祂是整個宇宙為身，一切萬物的新陳代謝為命，永遠在創造為祂的事業，祂是孤單的不死人，祂以無量時空為身，沒有與第二者同居，是個絕對孤單的老人，故曰體合乾坤唯一人。

虛空法界我獨步，森羅萬象造化根，宇宙性命元靈祖，光被十方無故新。

祂在這無量無邊的虛空中自由活動，我是祂的大我法身位，祂容有無量無邊的六大體性，祂有無量無邊的心王心所，祂有無量無邊的萬象種子，祂以蒔種，以各不同的種子與以滋潤，普照光明，使其現象所濃縮之種性與以展現成為不同的萬物，用祂擁有的六大為其物體，用祂擁有的睿智精神（生其物）令各不同的萬物自由生活，是祂的大慈大悲之力，祂是萬象的造化之根源，是宇宙性命的大元靈之祖，萬物生從何來？即從此來，死從何去？死即歸於彼處，祂的本身是光，萬物依此光而有，但此光是窮三際的無量壽光，這光常住而遍照十方，沒有新舊的差別。凡夫因執於時方，故有過去現在未來的三際，有東西南北上下的十方觀念，吾人若住於虛空中，即三際十方都沒有了。物質在新陳代謝中凡夫看來有新舊交替，這好像機械的水箱依其循環，進入來為新，排出去為舊，根本其水都沒有新舊可言。依代謝而有時空，有時空而有壽命長短的觀念，人們因有人法之執，故不能窺其全體，故迷於現象而常沉苦海無有出期。

隱顯莫測神最妙，璇轉日月貫古今，貪瞋煩惱我密號，生殺威權我自興。

毘盧遮那法身如來的作業名羯磨力，祂從其所有的種子注予生命力，使其各類各各需要的成分發揮變成各具的德性呈現各其本誓的形體及色彩、味道，將其遺傳基因寓於種子之中，使其繁衍子孫，這源動力還是元靈祖所賜。故在一期一定的過程後而隱沒，種子由代替前代而再出現，這種推動力完全是大我靈體之羯磨力，凡夫看來的確太神奇了、太微妙了。不但造化萬物，連太空中的日月星宿亦是祂的力量所支配而璿轉不休息，祂這樣施與大慈悲心造宇宙萬象沒有代價，真是父母心，吾們是祂的子孫，卻不能荷負祂的使命施與大慈悲心，迷途的眾生真是辜負祂老人家的本誓的大不孝之罪。祂的大慈悲心是大貪，眾生負祂的本誓，祂會生氣，這是祂的大瞋，但眾生還在不知不覺的行為中，如有怨嘆，祂都不理而致之，還是賜我們眾生好好地生活著，這是祂的大癡，這貪瞋癡是祂的心理、祂本有的德性，本來具有的、是祂的密號。祂在創造中不斷地成就眾生的成熟。如菓子初生的時只有發育，不到成熟不能食，故未成熟的菓子是苦澀的，到了長大時必須使其成熟故應與以殺氣才能成熟，有生就應有殺，加了殺氣之後成熟了，菓子就掉下來，以世間看來是死，故有生必有死，這種生殺的權柄是祂獨有，萬物皆然，是祂自然興起的，故云生殺威權我自興。祂恐怕其創造落空，不斷地動祂的腦筋使其創造不空成就，這些都是祂為眾生的煩惱。這煩惱還是祂老人家的本誓云密號，本有功德也。

六道輪回戲三昧，三界匯納在一心，魑魅魍魎邪精怪，妄為執著意生身。

大我體性的創造中有動物植物礦物，動物有人類，禽獸，水族，蟲類等具有感情性欲之類，植物乃草木具有繁愆子孫之類，礦物即礦物之類。其中人類的各種機能組織特別靈敏，感情愛欲思考經驗特別發達，故為萬物之靈長，原始時代大概相安無事的，到了文明發達就創了禮教，有了禮教擬將教化使其反璞歸真，創了教條束縛其不致出規守其本分，卻反造成越規了，這禮教包括一切之法律，法律並非道之造化法律，故百密一漏之處在所難免，有的法律是保護帝王萬世千秋不被他人違背而設的，不一定對於人類自由思考有幫助，所以越嚴格越出規，所以古人設禮出有大偽，人類越文明越不守本分，欲望橫飛要衝出自由，自由是萬物之特權之性，因此犯了法律就成犯罪。罪是法沒有自性的，看所犯之輕重論處，或罰款或勞役或坐牢，期間屆滿就無罪了。但犯了公約之法律或逃出法網不被發現，其人必會悔而自責，誓不復犯，那麼此人的心意識就有洗滌潛意識的某程度，此人必定還會死後再生為人，若不知懺悔但心中還常感苦煩，死後一定墮地獄，若犯罪畏罪而逃不敢面對現實，心中恐懼怕人發現，這種心意識死後會墮於畜生道。若人欲望熾盛欲火衝冠，死後必定墮入餓鬼道。若人作善意欲求福報死後會生於天道，人心是不定性的，所以在六道中出歿沒有了時，因為它是凡夫不悟真理才會感受苦境。苦樂感受是三界中事，若果修行悟了道之本體，與道合一入我我入，成為乾坤一人的境界，向下觀此大道即是虛出歿的現象，都是大我的三昧遊戲罷了，能感受所感受的三界都是心，不但三界，十界亦是心，故三界匯納在一心。魑魅魍魎邪精怪是山川木石等孕育天地之靈氣，然後受了動物之精液幻成，受了人之精液即能變為人形，受了猴之精液變猴，其他類推，這種怪物即是魔鬼，它不會因過失而懺悔，任意胡為，它的心是一種執著意識，以其意而幻形，此名意成身，幻形有三條件，一是幽質，二是念朔材質，三是物質，比如說我們要畫圖，在紙上先想所畫之物，這是幽質，未動筆時紙上先有其形了，其次提起鉛筆繪個形起稿，此即念朔材質，次取來彩色塗上，就變成立體之相，幾可亂真了。

喑啞蒙聾殘廢疾，病魔纏縛自迷因，心生覺了生是佛，心佛未覺佛是生。

人們自出生時或出生了後，罹了喑啞、或眼盲、或耳聾或殘廢疾病，都與前生所作的心識有關，過去世做了令人憤怒而被打了咽喉、或眼目、或殘廢、或致了病入膏肓而死，自己還不能懺悔，心中常存怨恨，這種潛意識帶來轉生，其遺傳基因被其破壞，或在胎內或出生後會現其相。前生若能以般若來觀照五蘊皆空，即可洗滌前愆甚至解縛證道，眾生因不解宇宙真理，執著人法故此也。人們的造惡業亦是心，心生執著而不自覺即迷沉苦海，若果了悟此心本來是佛性，心生迷境而能自覺了，心即回歸本來面目，那個時候迷的眾生就是佛了。這心就是佛，因眾生迷而不覺故佛亦變眾生，是迷悟之一念間，人們應該在心之起念間要反觀自照以免隨波著流。

罪福本空無自性，原來性空無所憑，我道一覺超生死，慧光朗照病除根。

罪是違背公約的代價，福是善行的人間代價，這都是人我之間的現象界之法，在佛性之中都沒有此物，六道輪迴之中的諸心所法是人生舞台的法，人們只迷於舞台之法，未透視演戲之人，戲是假的演員是真的，任你演什麼奸忠角色，對於演員本身是毫不相關的，現象無論怎麼演變，其本來佛性是如如不動的，所以世間之罪福無自性，原來其性本空，沒有什麼法可憑依。戲劇中之盛衰生死貧富根本與佛性的演員都沒有一回事。《法華經》中的〈譬喻品〉有長者子的寓意故事，有位長者之子本來是無量財富，因出去玩耍被其他的孩子帶走，以致迷失不知回家，成為流浪兒，到了長大還不知其家，亦不認得其父母，父母還是思念，但迷兒流浪了終於受傭於其家為奴，雙方都不知是父子關係，有一天來了一位和尚，是有神通的大德，對其父子說你們原來是父子，那個時候當場互為相認，即時回復父子關係，子就可以繼承父親的財產了。未知之前其子還是貧窮的，了知之後就成富家兒了，故喻迷沉生死苦海的眾生若能被了悟的大德指導，一覺大我之道就超生死迷境了。了生死是瞭解生死之法本來迷境，這了悟就是智慧，智慧之光朗照，即業力的幻化迷境就消失，病魔之根就根除了。

阿字門中本不生，吽開不二絕思陳，五蘊非真業非有，能所俱泯斷主賓。

阿字門即是涅盤體，是不生不滅的佛性本體，了知諸法自性本空沒有實體，眾生迷於人法，《金剛般若經》中說的四相，我相、人相、眾生相、壽者相，凡夫迷著以為實有，四相完全是戲論，佛陀教吾們要反觀內照，了知現象即實在，要將現象融入真理，我與道同在，我與法身佛入我我入成為不二的境界，這不二的境界是絕了思考的起沒，滅了言語念頭，靈明獨耀之境界，所有的五蘊是假的，這五蘊堅固就是世間所云之靈魂，有這靈魂就要輪迴六趣了，有五蘊就有能思與所思的主賓關係，變成心所諸法而執著，能所主賓斷了，心如虛空，心如虛空故與道合一，即時回歸不生不滅的阿字門。不然的話，迷著於色聲香味觸之法而認為真，故生起貪愛、瞋恚、愚癡等眾蓋佛性，起了生死苦樂感受。諸法是戲論，佛性不是戲論，佛陀教吾們不可認賊為父。

了知三世一切佛，應觀法界性一真，一念不生三三昧，我法二空佛印心。

應該知道三世一切的覺者是怎樣成佛的。要了知一個端的應觀這法界森羅萬象是一真實的涅盤性所現，這是過去佛現在佛未來佛共同所修觀的方法，一念生萬法現，一念若不生就是包括了無我、無相、無願三種三昧，這種三昧是心空，不是無知覺，是視之不見、聽之不聞的靈覺境界，此乃一真法性當體之狀態，我執法執俱空即是入我我入，佛心即我心，我心即佛心，達到這境界即入禪定，禪是體，定是心不起，二而一，眾生成佛。釋迦拈花迦葉微笑即此端的，因為迦葉等五百羅漢，均是不發大心的外道思想意識潛在，故開了方便手拈畢波羅花輾動，大眾均不知用意，但都啞然一念不生注視著，這端的當體即佛性本來面目，可惜錯過機會，只有迦葉微笑表示領悟，自此別開一門的無字法門禪宗，見了性後不能發大心都是獨善其身的自了漢。

菩薩金剛我眷屬，三緣無住起悲心，天龍八部隨心所，神通變化攝鬼神。

羅漢在高山打蓋睡，菩薩落荒草，佛在世間不離世間覺，羅漢入定不管世事眾生宛如在高山睡覺，定力到極限的時候就醒來，會起了念頭，就墮下來了，菩薩是了悟眾生本質即佛德，已知迷是苦海，覺悟即極樂，菩薩已徹底了悟了，它就不怕生死，留惑潤生，拯救沉沒海中的眾生，如人已知水性了，入於水中會游泳，苦海變成泳池，眾生是不知水性故會沉溺，菩薩入於眾生群中，猶如一支好花入於蔓草之中，鶴立雞群，一支獨秀。佛世間、眾生世間、器世間，都是法界體性所現，在世間覺悟道理了，就是佛，所以佛在世間並無離開世間。佛是世間眾生的覺悟者，菩薩為度眾生而開方便法門，但有頑固的眾生不受教訓，菩薩就起了忿怒相責罰，這就是金剛，這是大慈大悲的佛心所流露之心所，其體即佛，心王心所是佛之眷屬，這種大慈大悲的教化眾生之心所，是沒有能度所度及功勞的心，無住生心，歸納起來菩薩金剛都是大悲毘盧遮那之心。此心即佛心，要度天或鬼神就變化同其趣。如天要降雨露均沾法界眾生就變天龍，要守護法界眾生就變八部神將，都是大日如來心所所流出的。祂的神通變化是莫測的，不但能度的菩薩金剛，連鬼神之類亦是毘盧遮那普門之一德，普門之多的總和即總持，入了總持即普門之德具備，這總持即是心。

無限色聲我實相，文賢加持重重身，聽我法句認諦理，一轉彈指立歸真。

心是宇宙心，心包太虛，太虛之中有無量基因德性，無量基因德性即普門，色即現前之法，聲即法相之語，語即道之本體，有其聲必有其物，有其物即有其色相，無限的基因德性，顯現無限不同法相，能認識之本體即佛性智德，顯現法相之理即理德，智德曰文殊，理德曰普賢，法界之森羅萬象即此理智冥加之德，無量無邊之理德及無量無邊之智德，無論一草一木都是此妙諦重重冥加的總和，只是基因德性之不同，顯現之物或法都是各各完成其任務之相。若不如是萬物即呈現清一色、一味、一相，都沒有各各之使命標幟了。這無限無量的基因德性曰功德，這功德都藏於一心之如來藏中，凡夫不知故認後天收入的塵法為真，將真與假合璧，成為阿賴耶識，自此沉迷三界苦海了，人們若果聽了這道理而覺悟，即不起於座立地成佛了。

——完——

附錄二：

生死之道手稿

生死之道

講述者：釋悟光
記錄者：陳心德

第一章：生死的連鎖關係

人類或一般動物，其生死過程出現於這個世界上，所謂輪迴，則有經過三個階段：

一是前生的業蘊（行為的潛在意識）宿胎時的自體時期

二是出生後感受世界苦樂的生活時期。

三是死後未投生中的神識之苦樂感受時期。

第一段是在胎內過著黑暗中的感受世界。第二段是出生入世悲歡離合的社會活動中、介於衆緣和合的塵勞生活世界。第三是依其業報去承受苦果的神識生活世界。死後若其六道業重者，立即隨業輪生，或經一七、二七、乃至七七日才去輪生、這所謂中陰期。亦有大善、大惡者不過中陰，去靈界受著永劫苦樂的，善者謂天，惡者謂鬼，視其業報如何，其業力盡則輪生，輪生之趣亦隨其宿報而定、在靈界一方年未輪生者有之，其所受苦樂感受由其業報而不同。

第一階段由其業蘊之光經依其同類相聚的原則下，投入具有緣的父母之交媾所降出的光經之母胎內，依其業能而胚胎、生長，構成必需之器官。但這創造的業能是大宇宙業識自性之理德，具大宇宙之業識；即是吾人的感情、思想、信仰、經驗、感受等潛意識；所寄宿的本能，是超越現象界的，這雖是十界之光明與黑暗的影源，但其自性是永遠光明而不滅的。

第一階段進入第二階段謂之生、第二階段進入第三階段謂之死、其第三階段，

時期那樣黑暗、死去的時候是將世界外視的、宿胎時是將世界閉斂的。胎中時的神識對於現象的與影响是混沌無知的昏迷夢境世界。自溫暖的母体陌來出世之時外由変、狹壓与外界溫度之刺激、未覺其艱澀而苦痛。剛出生當來的感覺外間的熱存在以前、因出生而感覺破壞一向在胎内的存在時、亦会產生誤為是死亡一樣的情緒、如君入秋後被小的肉体未獲得牢固了、一旦臨終死去、对於未曾見過的死後之光影、音樂、生涯的剎那、或許会徬徨、覺得去路

觸走，如惺忪顛倒的境界。其实，死是蟬蛻一般，脫去一種束縛（沒有肉体）的生活，其神識自覺是輕而自由的，还如小兒一樣悠然自在，吾人在世間現象中，僅能睹外在的境界以內在的思想去感知，但死後的神識是不必涉及山野，不被春光所動，亦不受音响干擾，不必用身体器官，音声，動作去傳達思想、它可以神識與神識之間，相印不離而互相結合，直接交感其思想與情緒。神識之对於遺族，親戚，朋友，不必用外在的行為去表現，可以直接侵入其陽間世人之心灵中居住，而互相感應來成為它的思想和作為。

第二章 現象與生活

嬰兒在母胎內，只是一種業識無明動力，是種創造形体的理德、胎兒之四肢、五臟、六根等器官是它的傑作。其對肉体沒有認為是自己的所有物、因它對自己沒有使用的心境與使用的感覺，所有的美醜與器官都是它的對象物，未曾想到竟是從日成為自己之外表部份，它只是創造而已。一切都無所知，其對肉体之存在，亦如人死後不認肉体一樣，到了出生後却又肯定其肉体是自己本身，而失去原來創造過程的客觀，成為獨立的主觀意識。視其創造技術如何與宿業亦有關，而直接影响現象的知覺，見聞，享受，成為現世的報酬。這是第一段進入第二段的入世現象。

現世吾人之行為意志，亦如住胎期間中創造出世一樣，不斷地創造死後未來的存在而互相動作，吾人在一生中的一切思想作為，無論在人間界與自然界的一貫精神作用，

依其努力的結果、都在不可見的一種潛能力量，結合成為
不可解的業力、成為死後靈界的報酬、這是一種「蘊聚」
、是存在於現象意識外，且在自然界不斷地擴大其勢力、
但吾人却不易見到、直至死後才会認為是自己所有、成為
靈界中的覺受單位，亦像胎兒的蘊聚，在胎中發揮其力量
、成了觀念主体而獨立在人間界一樣。
不論在人間界或靈界的觀念之塑造、形成結晶之潛能、
才是真正不朽的產品、亦即是自己所有的單元，為人間的
肉体所見不到的纏縛或解放之神秘力量。人雖死後肉体朽
爛、但其產品仍然繼續地進展活動，在世的連鎖意志，行
為、思考、感情、經驗。是不隨肉体消滅的、亦無法何方
法可以破壞、遂成為死後靈界之自己意志、趣向中心、而

不斷地向著不知目的而活躍。

吾人以為這種無形的連續是一種抽象觀念、猶如虛空、可是緩遊在陽世人身上活動的時候、吾人不自覺而已。因為吾人是浸沐在大自然的自性中、不知其死者之靈界神識的真實存在的緣故。吾人根本沒有透視異界的官能、惟是能覺受到亡者與吾人之結合點而已。如有鬼通的人、靈界之靈識的思想形式是會在某些頻率較弱的陽人心中表現出來、這時陽人變為雙重人格、從來一久可能會同化、如其死靈患有癌症、死後仍有執著意識者賴其同化、此人從來亦會罹患癌症之處、甚至其雰圍氣所波及、週圍的人們亦會受其影响、所以世上的敬靈是危險的。亡靈之雰圍氣圈如石投水、水成了浪圈、而石不自知、只覺週圍為之破壞一樣，亡靈亦不知自己在世時之所作所為、思想、波及人間界的影响，如投石入水一樣地由小而大，變成漩渦，將在世的生活、行為、思想，會去影响社會，波及人群的精神深處，去依住他人的心中地生存。惡者激起惡思想而戕害社會，善者會喚起慈悲博愛的精神而拯救人群，自古聖賢的慧命是常存於億万信徒的精神中，且不断地將其波圈漸次伸展，擴及全球人類的心中去成長法身，祂的生命因此而長生不死，真善美之念波是光明而強烈的，所以其伸展之能力益加茁壯，其願力無限故，將其枝葉佈滿了世界，這都是聖者的人格發端，其德乃隨吾人之人格而生長繁衍起來，則成為吾人不可思議的自證法樂。

最初聖人的綸音，涉入當時之信徒的識田中，亦無限的冥加而延伸至全人類、繼續伸展至於無限的未來際。

聖人不死、其慧命則永存於宇宙間，其功德侵入吾人的精神以為生活作為、創造吾人的絕對價值與無限的聖靈，而吾人不識不知而貪於自私圖利、的確是有負聖意、甘墮為毫無價值的生存，僅殘留其盲目意志為死後輪迴之核。人本功德具備、但富翁若不節儉、其所經營之事業積聚亦會坐吃山空成為貧者，人雖有不良的宿業、貪人努力亦會備積財富、況乎善惡之業力、是死後之享受物、為死後苦樂着想、現世之創造是刻不容緩的。吾人現世生活之迷、皆因沒有探究真理所致。以致在世上多作惡行、死後的神識會在人間留下一種污染、為人所厭棄、那時的靈知其生活必很孤獨、無聊與苦悶、不知如何活下去呢？所以人死

御的生活是不可忽視的、未來際之幸福生存之創造、乃是
聖徽的理智之伸展、這種生活意義、不會被外在的現實上之毀譽
所左右、這種生命人格不是去天國、地獄、亦非有進退、
亦不靜止或被世間之生滅而爆散消失。有其正義與真理之
人格存在、若果現世被戕害亦無損失、僅為經過分段的現
像與死亡之厄運而已、亦可更昇華地在人間活躍、以宇宙的
真理而大築其道德堡壘。
人性之善與惡、是直接造成死後的享受問題的、在世中
要識實、精神要保護得勿使受傷、現在的靈魂若果受傷刻
痕、將來死後亦仍帶著創傷不能拭掉的、現在一念無明、死後
亦仍無明；在世詐偽邪惡、死後與真善美的靈界神識是無
法合唱康樂曲的、那時就會感受不調和的痛苦、這種痛苦

永無休息與寧靜、善良的人其本性已成為大我自性而水乳交融、承受聖人恩惠而昇華、世人大多還在苦海波濤、而在六道中流転、其病在於謬見、迷信觀念自他為惱、由於觀念錯誤所作諸惡業、誘導人類痛苦所帶來咒阻的加持、以至將來死後的幸福、飲恨憒莫如深。其虐待、邪惡、鄙俗的波長之無限相續中、慘遭真善美的正義光明所淘汰、會益加煩惱而增加惡業勢力、因而致使自己淪於破壞與墮落之境、遂成為打殲的微塵、殘留世人之精神中、變成万世的魔羅。但是善良之心人皆有之、不可以將錯就錯、反省改惡從善、能夠獲得消滅罪業、滌除精神污垢、猶可長出真善美的萌芽來。人們若能使慰其神識之悲哀與苦惱、即會為之修善忍辱、而勇猛精進去鍛煉、成為潔白無垢的靈識，去享受死後的幸福生活。

第二章 死後之神識與自然之影响

人類只為一個目的而用多种手段，宇宙的德性只是一個手段去創造多种目的。植物只為自己的存在而生存，為風而搖，為光與氣而吸，為繁榮而衍生香味與色彩，不知它的存在價值，亦不知它是光線、空氣、水分、土質等之化合物，是地上之因緣条力的必然產物。它不知真使命，為大地而蒸發、呼吸，為地面的美觀而穿綠衣，為人類動物而供綠葉與菓子，為美化文明世界的一切動力以及樓房家具用品等而生存的，乃至人類所有行、住、坐、臥、上天下地入海的一切器物所不可缺的材料之源的重大使命！！植物是這樣地生存着。人類以為是獨立而存在的，為享受而生存、為自己的肉体与精神之苦楽而生活、殊不知肉体是因緣所生物，是其往昔所造之業識旅舍住宅，是共有性的、其他的旅客亦可以進入居住、而一同結合發展、起了各种作用来構成人之感情思想因素、亦有創造死後的高尚生活意義存在。人類的精神是自他結合物、同時亦是覚知的法性所有物、所以是共有的。你想：自己出生的時候、有什麼常識、感情、学問、思想、藝術、理智、道德好壞等々呢？這一些品德都是後来漸漸著現行繁多的客来品攜動自性絶対力所恩賜的。人類一經出生、即具有先天的業識活動力、与因緣業蘊合作力来支配精神的一切作用、才能知覚引来後天的色彩、音声、古今聖賢人物遺留之文学、藝術、思想、道德、礼楽等々、由其本能之將客而攝入、侵佔了你精神的一部份、才會成為現在精神共同財產、故一切都是合作性、都非己有而是共存的。

但是這些精神共有物是宿在大宇宙理律法性上的、由這理律本能推動你才會發生了感情等行為、這精神思想行為是後來客律的附著物、如一枚玻璃片上染了各種形形色色的不同色彩、或美或醜構成你的現在精神作用。這不但有不可見的先代之高滿靈智、還有現在的一切人類之心靈、都在侵佔了你的自性靈台鏡面上、許多的智慧互相交織、連結成為你的一切行動、若被邪惡靈偽佔住你的精神、你就會做出邪惡靈偽的許多事情來，若被聖賢思想佔住多了、就會做出救世事業。吾人若能自覺被其惡靈侵佔、就會妨害到現在生命及死後的向上生活、即要設法將其逐出！

像人們發見玻璃片上染垢時、就須趕快拭去、否則會在你的精神上擴大起來、直至污染社會毒化了思想。

吾人的善惡行為思想、互相交織下成為一個集中点、便成為死後生命的胚胎、猶如果子的核一樣、其皮殼果肉雖被蠹損、其核子还会創造後一代生命一樣、其好壞尽在這核子中蘊藏無遺。由此可見精神不單是一個、而是衆多的客体集聚一起的共同作為、但是其自性理總是如同玻璃一樣、是透明而潔白的。

果然自覺的人們、可擇擷那些真善美的客体去停留、而鄙去那些邪惡的客体、但是这時的主客觀念必然發生戰爭、一場決戰之後、或勝或敗、或是兩敗俱傷、便是決定了你的一生運命、甚至成為永恒的苦樂関鍵。為了未來的幸福着想，要發動獅子奮迅三昧之雄猛巨力抗衡，才會有偷天換日的特技去奪取天地之正氣，把握了宇宙真理。

善惡的戰爭一發，吾人唯有觀定自性抓穩中心，大敵戰鼓支助善念振奮精神力，才能打勝仗，這是修羅爭奪的爭奪戰。唯一可靠的助陣者，即多親近善知識，遠離邪思，精神才能獲得多善念的攝護。迷信的人較容易遭邪見有隙可乘，好鬥的人會引來好鬥的鬼神惡煞，善良的人所引來的心是聖賢君子，所引來的善惡加持，是決定人生之榮枯與成敗，焉可不謹慎乎！一家之主若得引攝諸多善知識，家族就會和睦發達，引到惡徒邪道者，其家運必定衰敗中落，擾亂得你全身及眷屬都會雞犬不寧。

善惡間之雙方爭奪戰，若無勝負，則必各據一方，各佔一個據点、便成為双重人格、惡業的一時不敢勝、亦可能乘機攻取其大本營、先下手為強地抗制其人心中審判官、任其操縱而致被迫陷入無間地獄、受苦至無冬之境呢！那時惡業識亦由人之自性縛作一团、如灯蛾戲火一樣地自尋末路、那時他的妻子被他的苦痛之波長所影响、不但家庭不安、病魔纏身、死後在靈界亦無幸福可言。

第四章　死後之業識対人類的影响

人們的善惡業、住宿於心靈中不僅一個、而是眾多千奇百怪、匯成為一個大營集体、互交變為各類象狀、或為信仰、或為真理、或為道德、等々善惡思想、而群策群力、領導或被領導於整個精神系統中，使其各自為謀、操縱為生。但各人的思想感官各有共同妙用功能、如有一個观念為共同所認同、即会演变成為全國性而侵入全國人民的精神思想。如整体億万信徒皆同信於一教、上至領袖下至軍民、皆有同仇敵愾思想、这种同心协力的偉大鼓舞動力乃是勢如破竹的、無堅不摧、無攻不克、無戰不勝的。这种群体協力的思想是如天降雨露、潤澤草木一樣地侵透入於大衆的心灵。由於人群之心灵的共同思想之結合、会成為灵界之共業、現世的人們亦将此取之為自己之作用工具、而新生的观念合流而波及社会遍入人類思想、終於变成冥陽兩界之精神共業形相、釀成一种雰圍氣。

上述这冥陽類似的業感在人間界風雲際会而結合成長、依其各种不同要素而互相決定、使其倍增潛力、各由其最初各別所宿之人間社会、种族、國家等意識、而隨之而同時成為精神的共同財產、互為消長其他家之樂。所以靈界的生活狀態直接于人間之一切成敗行為，互相提攜而不可分離。人間之生活思想如果苦痛、靈界之感受亦隨著苦痛難堪。好壞之氛圍完全是人間界創造的、人間界之社會文明、科技進步，使人類進入其他星球的智慧、獲得大調和，這不外是浸淫於人類生活中的無數了義業之個體集團之生長的偉大精神勝利之氛圍所使然的收穫傑作。

利己主義的人在中心而不是邊際、而在邊際而不是中心的小我短視行為、怎能運化千古不易的真理、到是卻不開近。所以我人要明白了解全體宇宙之心靈狀態、通達微觀真理之運化、養成高尚的業識、普遍於大千世界、寄身於大我中心來運載人類之思想進入高尚境界、因為造化是無常的、在互相親善而調和的業識以外、難免有性質不和的惡業從中攪亂、但有宗教、政治等來止惡揚善、結果惡業亦歛不過善業而自取滅亡墮落，如此下來就會變成純淨白業性，這完全是靠宗教之邪正、政治之好壞來決定。

善惡思想是以人類公約來論的，但其各國各人因其需要看法角度不同、即有各種思想信條之爭、宗教之傾軋、常生黨派之爭、國際戰禍的發生、人類本以大宇宙之真理所提來定其共同遵守公約，可是往往為一己之思想而無視大同、為自己之名利而煽惑視聽，大都被其驅使而盲目去信奉妄行，誤信那些憎惡、憤怒、暴躁、恐怖等的不良邪行、而引致自他陷於悲慘的生活中、像羝羊觸藩一樣被惡業所顛簸，所奴役，虐待，苟延殘喘、任其擺佈！

有些人已覺誤入歧途。有意做些革新運動、但都為其利己主義的勢力抗制下力不從心、有些人考慮到整体大調和而奮身脫出魔掌、承受真理的方便啟示、遂因而變革者亦有之。但惜這些事實都在於宗教信仰或政治思想中可以見到。不過僅限於少數人而已。至於全人類之大目標的改善、仍是徒託空言、畫餅充饑、不務實際，不能與實際需要配合、止於自己或部份的利益者實佔多數、所以這世界上之各民族、宗教、政治間所發生戰爭、不易抑止之主要原因。但考古視今、宇宙中的業風在其醞造出紊亂時、必定會有大善、大勇、大智、大犧牲者、大覺者出來領導。為人類之幸福和平、惟有將一身生命奉獻給塵剎的微摯者、方堪負起其使命、這種人物如果現世中不能達到成就、其恩想亦会留作万古典範、这种精神不妨等待在来世中、再提再励他去完成其任務、这种影力是偉大的，这种人物一定是宗教家，这种人物的灵識在灵界都是已经昇華的、都是善灵团体的領導者，定一下化，其他的善灵亦会一同出世来扶助其使命、創造冥陽两界之幸福。

第五章　人间与灵界的交通

死者与生者之業影，在相関与不相関的情形下而相感者有之，或只在一方不能互知者有之，这些事实都令人不能探究其堂奥而獲知其秘密究竟。總而言之，冥陽業影的相逢則是業識（念波）的相感之謂。令死者喚起存在与覺受，生人僅以意識觀想其亡者處身於何境，这是冥陽相会之最好辦法。亦即是憶念死者生前之容貌相狀，誘令死者的意志遍向於生者，例如將針刺激身體某部位、令其注意集中該處一樣，生者用集中觀想力，可使亡者喚起神識集中力，其當處即可感應靈交。因為死者的靈界生活狀態是在世時的生活狀態幻成的，所以生人憶念故人都是憶念其在世時的生活情況顯于意識中，由此念波反應亡者的蘊識波長，陽人若是腦中的念塑材質多者，即容易幻起亡者的色相幻影，其幻影之殘留時間長短，即視乎其專注力如何而定。人憶念生人亦可以一心專注去刺激對方形相之某一点，或憶念舊誼、或憶念仇恨，即對被憶念者亦有同樣的效驗，所以超度亡靈，或加持消災，咒咀降伏，均由此理則來發生效力。不会感應者，是因為憶念者有其肉體的束縛，身見執着、精神不集中的緣故。

死者已經脫去了肉体的束縛，但是未解脫的神識会時常引起往事尋回它生前的住處、或關心家人，它因是未解脫的苦受神識，所起的念波会加持到家人、令其家人生病或不安，所以在其生前住處、或發生事故的地点來憶念加以刺激，即其喚起感应力心如响斯应。

人对人之間的彼此感通与人对灵界之道交都是相同，有人不信灵識的存在或否認冥陽的交涉關係存在乃是謬誤的。一般信為亡者有一定的住處，或住於天國，或住地獄，如有親人朋友意外地死去，竟欲相会而遍走天涯去追尋都是枉然，死者的生活世界是它生前之識蘊幻成，若非解脫的人是苦樂不定，它的蘊識波長像電台放出的波率一樣、灵界眾多的灵識都遍織在这空間，只你的收音機指針与它的波長相同就会收入一樣、你若要與某亡者相会、亦只依賴你的內在觀念來鈎召即可實現。

若要擴大週知冥陽兩界事、那一就是修行尊處才能做到、他的精神必需進入宇宙大灵的中心去、所謂放印彌六合、退之印藏於密的工夫。

有個很孝心的人、在庭園中觸景生情憶起其亡母、忽然看見母親抱着嬰孩在其庭園出入、便自嘆起來、本來以為尋母要往西天或地獄、這种想法實是癡迷之至、人們想念亡灵、假設在某地方、是否與生前一樣貪病苦痛、如是憶念、亡灵的神識已經被你的念波幻成苦惱世界了。

你要是想念親人的話、你必需一心憧景着它生前與你一起時、你對它的孝順情景、不斷地與它喜歡的心情相融如

回水乳、果能把握到這要義、你就能與亡者開始進入天涯咫尺之心靈交感生活。（此具有甚深的佛學妙理、特別在此一提）

假如你是中國的佛教徒、能用美麗的牌位來祭祀它、並備美味適合它生前喜愛的供品來供養、宛如生前一樣地在一起、時常憶起在生前的某些最快樂事、想它的衣服美麗、身體健康精神愉快、只有這熱誠去憶念、亡者的生前思想就會被你的交感而再現、（即不可憶念悲哀往事）亡者就會得到安慰、即可在你的心靈深處定居伴在一起、那時即是生人與亡者得到共享天倫之樂了。

以後只有如此地去憶念才能拔度它、如果不知這個理則憶起它的生前苦痛、即會喚起它的苦痛意識、反害亡者的灵界生活、同時亦生人交感的結果。生人亦會被此而影响自他不利。

人們不但為自己有利、亦必需創造大衆有利、如果只觀念自己親人昇華、若累時而發出怨恨他人的念頭、這种念波亦會收入衆多的怨灵侵略你的灵台、因寡不敵衆而被戕害。

應現念自他是一体的、惡人是創造好人的恩人、因玉在石中才能顯出玉的宝貴、所以要感謝衆人、有此觀念即會喚起灵界怨灵之神識改造。吾人在現像生活中亦要多做好事、參加慈事業造福人群、由這善念亦冥界善念打成一片、製造社會的善良共業。人若在世喜善好施、即死後會被衆人之好感稱讚的波長所加持、會更加快速昇華、若果在世作惡自私、死後被人咒罵的怨氣所加持、就會生起了一怕的情景、由生前的各种坏思想之業識的组織下、就会幻成地獄苦果、環境四周充满了叫喊的悲声好像万箭穿心似的！这种恶灵的波长在空间，吾人若果一念糊涂生起如斷某些恶灵波率相同，遂而被其侵入，作出相同的行为，世之殺人搶劫行为多为此恶灵所憑依，一旦返悔已晚了。善恶与正邪是一念之差、禍福全凭唯人自招。係善作恶的人死後因被人之咒咀的念波所加持，会造成無间的苦受，这是自己唯識所現与法界念波交織所顯的一面圖纹、宇宙自性如線、自己的善恶念如緯，衆多的加持如色彩、所織的表現各有不同。人在世上若果清白，雖一時被人误会、但死後会被人發覺还他清白，絕对不会傷其業識的善報。由此观之人间与灵界的交通是非常密接而互相影响的。

九、為替人家拔度亡灵、或祭祀祖先都依此原理而成立。知此要領則亡灵是会現前、由你的讚頌念波所加持下、享受無限的自在法樂。由此法樂的波長的冥陽交通而生人亦会有莫大的功德。無論何人在死亡的情景當中、人們為之祭祀時、千万要切記、禁止作过份悲哀號哭而怨恨、若果过份追思其生前的慘痛不幸事情、就会導起亡灵舊戲重演、那時亡灵的慘痛是無以復加的。亡者一旦脫離了束縛的肉体、成為自由人的階段以後、都不知自己死亡的歷程、你就當他如生人一樣、低聲憶念他生前曾經與你在某時某地、做过某種最快樂的事情、若是他是佛教徒、即觀想他成為佛菩薩一樣、浸在佛菩薩的紫金光種圈內被其吸住。成為佛菩薩的眷屬懷抱、這樣方為妥善之舉、在宗教中以真言宗的度亡法去超度亡靈，及一切含識的安樂解脫、或施食慰靈，乃是一種最理想的宗教儀禮，亦是特技藝術。

、第六章　人死後與別業的關係

靈界的亡者與現世的人間相会交通關係已如上述。人與人之間現世的思想意志，要是能够志同道合的話，不但在靈界可以相会道交，且能彼此結成一体而生長起來，其形像乃是成為大共業之共同肢体，彼此由同一意志成為一個意志。如亡者之意志與生人之意志相符，亡者之蘊波会宿在生人的意識中居住、所以生人之精神思想是衆多的精神思想之集聚体，死後脫離了質礙束縛，這些思想意識是聚集一起的，不会像宴会中的賓客，散席後各自去單独生活、更会被思想意志相同的業体迎接去作為共同肢体。

如信佛教的思想而共同活於人世、死後則會被其同一大思想灵圈所吸、成為佛光的佛性部份、歷代有道的高僧、死後的意識光徑因相同而同類相翕、住於相同的理想境界同証果。所以吾人的思想意志必需與佛陀無異、方能當受攝受、否則會被他种思想相同的業力吸去、思想等類不同故、有些被天道、或人道、或畜道、或修羅道、或餓鬼道、或地獄道吸住、形成各道的蘊結、雖然是共同組織、但各有單元業能、由其業能的趣向受報、輪生各趣異數、唯有真善美的白淨識才能與佛的光徑相渉融入、瓦解各道異數粘力單元、才能證到無生、以免那個單元不停地輪迴、人人各有善念、卻是開離着虛偽、悖戾、腐敗等不足取的思想、倘若能够一念之間一百八十度的大轉變、亦會被其白淨光攝受、所以臨終一念亦很重要、平時吾人的善念確實比惡念弱、有時不如意的時候會發生怨氣、善念差根的悔意、這時的善念將似離了吸力的磁鐵、被惡念吸去、所以善念的信心都要培得堅固才成、像輪胎一樣不得有漏識消離、否即不久就失去黏性、若善着力堅強就永遠不離善道了、這種善念功德力若被白淨光攝入心、即隨着佛的淨光合一作波及十界成為智慧的光芒。

靈識界不是獨立的個體、它好像一株靈樹、其根侵入下界、理係枝葉向空中伸展遍及宇宙、凡是高尚的神識、如佛菩薩等聖賢即成為其中心主幹、靜慧即如其代六道眾生、愈愈善愈近中心、整個合成一體制、其位置似有差別其實平等、衆生各々都有高等神識的靈脈通達著、都是浸在大靈的說海之中，故惻隱之心人皆有之，不單是人類，動物亦有之，牠們都具有母性愛，不過其理智觀念比起人類狹小而已。人皆有良心、悔心、有愛心，誤入歧途的人周一時差錯，終都會懺悔的，吾人有修養的大德，必是涵容大量的，對於犯罪自首的人要是已往不究，將令彼以引導，令他們的思想入於大靈中心。用溫暖的淚水去洗他的殘障，用慈悲的感情去迎他入於你的懷抱，寬恕的付加熱來正之、以德來團之，這是你最高的聖愛，這種美德是你修養的至高價值，所謂的哲人、聞佛雖未死去，他們的靈識已經成為大靈之主幹，他們的現在所作所為皆是它的華果，德被冥陽，身口意之所作都是宇宙大靈合作的神通特技。

第七章　現世有死後的生活

人生在世具有內在與外在的兩種生活形式，外在的生活是身體的事業行為、語言文字，為一般人們所看得見的。關於內在的生活、是理智、思想、感情；道德等善惡觀念、是只限於自己的、外在生活之好壞，我人可以追蹤其業跡、內在的生活乃是不可見的內心所感受，因此而是不可捉摸的、但是其外在生活之核心還是根於內在所伸長。其內在不僅為外在生活之原動力，亦為死後神識生活之主因。人們腦海中所發出之思想意識，在空間伸展成為念波傳遞不失，將像器物之音響傳播空洞相似，向中心向周圍展放，在其本身則会在其肉體上，如銀幕的影像一樣，顯現其美醜等氣字出來，例如心中生起歡喜念頭，其面容就露出喜氣洋洋的氣分，但是吾人僅知其表面，少自視其內心

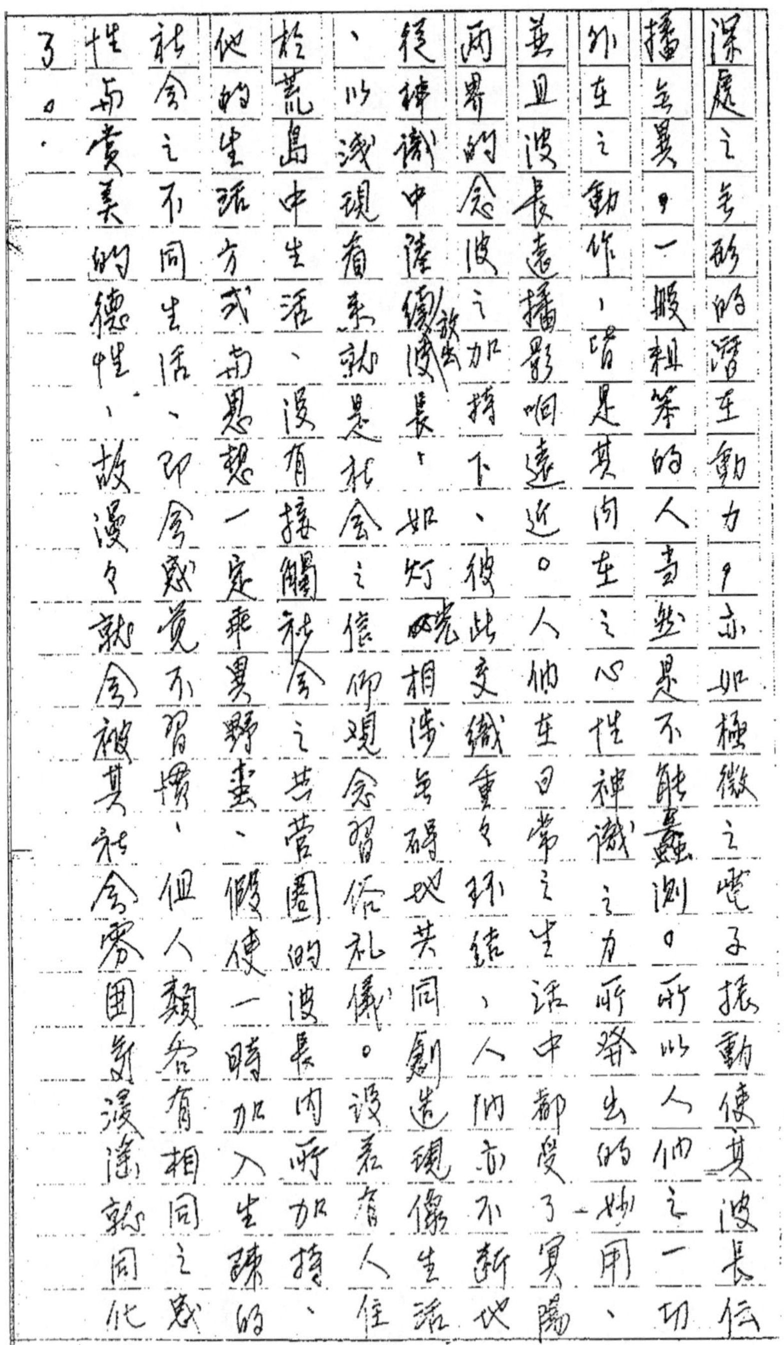

深處之無形的潛在動力，亦如極微之電子振動使其波長伝播無異，一般粗笨的人當然是不能蠡測。所以人們之一切外在之動作，皆是其內在之心性神識之力所發出的妙用、並且波長遠播影响遠近。人們在日常之生活中都受了冥陽兩界的念波之加持下、彼此交織重々环結、人們亦不斷地從神識中陰衡放出波長，如灯光相涉無礙地共同創造現像生活、以識現看來就是社会之信仰觀念習俗礼儀。設若有人住於荒島中生活、沒有接觸社会之共營圈的波長內所加持、他的生活方式與思想一定乖異野蠻、假使一時加入生疎的社会之不同生活、即会感覚不習慣，但人類各有相同之感性與貴美的德性、故漫々就会被其社会雰囲氣漫漾就同化了。

在衆多的念波圈裡出生的嬰兒，若果出生不久就夭折、其意識不会由死亡而消滅，只有一瞬間活着，亦会被周圍之衆用意所加持，遂成為它的冥界生命，故人們在生活當中互相要創造真善美的業風，不但能為人類創造幸福，亦会使冥界的亡者善生，而被高尚神識所攝引。

人類的精神内容是衆多神識併合併變為自己所有，但當它死後就会明白其生前所具有的感覺、理性、想像力等記憶（或作品）所滙納儲成的精神寶庫（我）都是永遠存在的。這互相交錯關係的過程，在我們的現實生活中無法意知、只是從其思惟中忽然一過而已。在生活中僅是將一要素去相引另一新要素，來結成一種思惟，雖一時出現光明，等到事過境迁、亦难免会復歸于黑暗者。人們的生活如同灵界中的过客一樣、縱然其偶然的行為、雖有表面的考慮去推論其道理、可是十早離去了思惟的灯光、那就被其六根的黑幕蓋覆、而失去了宝貴的灵覺性能存在了。這種偶然的行為是屬無記性的、但是行為的前提若具有計劃性的思惟、不論作或未作、人死去後、其宿泊所在雖然朦了肉眼、但其神識的本身、經过一段時期、卻也同曙光初露、那時內在的中心点、如同太陽般地燃起光芒、照耀著自己的內性、同時內性的心眼可以透澈地照明於大千世界、而瞭瞭万物如指掌。在世所忘記的一切都在眼前重現、而作為其灵界生活之所需、此時亦不須擷集、亦不勞区別、不必区分其特性、一見便可明晰。至於那些急於分析自己內心之矛盾、調和、及其聯想、分辨等心理狀態、即今如人們服了麻醉劑昏死而未死的精神狀態。高尚的神識如飛鳥翱翔、如神力似地輕鬆飄逸優遊自在，在世時之心需的肉体感覺、判性及有限之精神構想、都全部消滅、那時自覺那個有機体只是束縛而多餘的。這些發現情境、亡者益加体会肉体之不自在感、能確在神識的新生活看來、肉体是那麼不完全不自由、一生中為了生活而奮鬥、勞心費力，真是不值半文錢、至於神識的本身是一切具備齊全、而可以直觀、可以直接隨心所欲去享受的。

人們皮肉雖滅、其神識之擴展反而無罣無礙、綿綿沒有一点拘束、進入靈界之新生活是不必操心自身之有否而生煩惱了，本來為了生存的煩惱苦痛亦將終止、只由神識之蘊聚所顯現的苦樂感受而已。總之高尚神識之生活是直接而超越的。

現世之生活的幸與不幸，乃直接與靈界之善惡業力互相加持所結合的結果，如吾人精神內在所引起的思想直接影响，仿佛相似，人之業力與靈界之業力，亦自然互為加持發生作用，人類組織中若惡業多，即與靈界惡業互為加持，成了惡的共業；在日常生活中發生天災地變戰禍瘟疫等等不幸的禍果。人群社會善業多即引合靈界善業，獲得風調雨順，社會人類少病少惱，這些冥陽神識業能之互相作業，是同類相翕而同化的，不必用祭祀祈禱的手段去諧合的，祭祀祈禱的手段是用來號召大眾之靈識集中力量的方便法，識能之間沒有阻礙物，這種聚合是直接而又是甚為秘密親切。

人之在世作邪偽罪惡等思想、它的現像雖然隱沒、但是一經死亡、它的思想行為累積絲毫不紊地在靈識中展現出來、又更加靈界惡氣的互加下、無法自主去脫卸其境界。可是在世潔白的人、有時被人誤會、死後它的靈識都會被善靈攝受入於大靈中心不被壞的氣風搖動、不淨的氣識都像宿於靈樹的枝梢、不斷地被氣風搖擺、幻出陰影、感受切身的苦痛、如斷了手足、難於自如。

吾人若要脫離惡道、必須遠離邪見、才能夠享受高尚生活。凡屬善良的思想其性像水一樣、透明清晰潔白無污、有洗滌穢垢之功能、一旦遇到惡氣侵犯亦無妨、自然會隔離而昇華。脫離陰境緣於新的運限、創造未來的新生命。

第八章 靈界的自由

有情不但有精神作用、还於自然界的結合、成为一体制、吸入空氣、水、土、冷熱及其他元素、進行新陳代謝循環不息、內在的精神亦隨之而發生思想、这不是二元論、是一元的多重宇宙之組合体、不論動物、植物、礦物都相同、因其組織器官不同故發用不同、如植物礦物沒有感覺神經所以不覺痛癢、動物的組織亦各不同、故感受不同、唯是人類組織纖細、所以智識特別發達、成为万物之靈長。好壞是相对的、享受好感愈多、痛苦愈多。人類之精神內在与肉体互为結合的結果、由各部內發生作業、由內在体出表面、由表面之感受傳達內面、生出感情、这是只限於身体器官的範圍、離開身体以外、聽不到、看不到、觸不到的境界就無法感知了、所以一個人的精神蘊識是其個人一生收集的經驗記憶。人類感知範圍只是從肉體的框子窗隙裏向外窺視之程度而已，以外之世界是無法透視的。但是一旦死後的神識是沒有肉體束縛，可以合其靈界之組織、滲透於自然界，不必使用肉體之器官去感知，它因浸在業識之塵海中，故能感受更多的一切情緒，並且在這靈界層中接觸柔風飄雲，如雲似霧地往來自如。吾人若果入於深定，忘去肉體的存在時，亦可以感受到欲見欲聞的境界，或親人之容貌與音聲，因為一念可以引攝三千世界於自心深處。人死後肉體已經不存在，所以具有五通之能、的確是究竟的，在靈界的生活中，視乎生平的意念如何、能夠直接感受大自然的光明與無限的念波，其感受即同於在世之行徑思想，各人各別的感受世界。人在世之思想這表是表示靈界生活之實體、死後之行動雖然自由、但是苦樂的感受世界卻不同、宗教之所謂十界、是指心靈之感受世界而言的、有其境而無其所、有肉體而無肉體的感受世界是相同而表裏的、有肉體是苦樂感受的集貨場、神識是其蘊藏的倉庫、肉體器官是攝影機、記憶蘊識是底片、在生前死後都不斷地翻影、只是在生多攝取而已。收放都是依大宇宙的識大為鏡頭的、不攝不放就沒有境界了。但放影是可以的、不可執着以為真實就沒有苦樂感受了。

收攝亦是可以的、不過不要收攝那個壞境、死後惡境就少、多收攝美境即死後好境就多、所以佛教設有觀想極樂國、或莊嚴相好、亦多作布施、持戒、忍辱、精進、禪定、收攝美境方法、到了靈界的神識不但被大靈中心吸住、而諸多的善靈互為加持下，益加廣其視野，這种新視野是非人間肉眼所能見識的，除那修煉成就的高僧以外世人是不能蠡測的。

地球或其他天体中的星球，都是大宇宙自性法海的一滴，成千成万的星球都受大宇宙自然能所支配，互為加持共沐其間，吾人因為这自私的观念，生活於蝸處之小世界，被自私之惡念蒙蓋了慧眼的盲目生活，可是不久的將來是會進入靈界中生活，故必須充分的準備，將靈台洗滌得乾淨，其蘊聚之粘力就是執着，大情的人一剎那就棄掉，普通人要時々去掃拭，因為蘊聚是無自性的，唯有大靈之識体才是不滅的佛性。若了悟这個而徹底去把握，那時的靈界生活是超越的，又當体即入大靈樹之主幹，成為大宇宙之最高支配者、不斷地運行日月、賦與萬物的生命與光明、顯出無限色聲實相、天地與我為一、萬物與我同春、亦即是大自由自在的極致。

第九章　死後神識之擴展

人類死後在欲界中的含靈、乃是住於地面空間、其他動物都是相同、是在大靈懷抱中的一個個同趣之共成體。如人在社會、一切生活所需是互助共存、但吾人以為與他無關一樣、含識在大靈母體所包蘊而不自覺、其實都是互相加持性的存在、惡思想即與惡思想互為加持、善思想與善思想互相加持、融為自己的內容、然後發揮其特技來支配現象界、如發明科技等等、便成為他的新生命。

這新生命又成為靈界含識、不斷地變現而不替、但是主因素力如靈台之波長一樣、在陰陽兩界雖交織而不紊、成為輪迴之主要動力、視其吸收因素之勝者、遂成為出生現世之賢愚與遭遇、例如織成的布紋之美醜、思考圖案為主因、織性是色線、編織的成品是人之賢愚與遭遇、但是其色與線、各立其本位一点都不紊。思考圖案者人之思想也。所以大身体中之含識雖多、各其主因是不紊的、這是人的局限性所使然、是一種人的見聞經驗所局限之閾、固執的潛意識所凝成的結果。

人類精神之擴展是有界限的、人体為意識的支配下活動至一定的限度時、意志即告消沉、愈勞動能力愈弱、而止於限界之下、於睡眠時失去主宰力、任其組織而成為夢境。醒覺時思考力至於限度下、還會將甲觀念轉於乙觀念）

交識後殘存於意識內。或者成為無記性地消失、都是人類意識極限的緣故。

但是識蘊是一種無自性的潛意識、執着於大靈之體的影跡、大靈本身是沒有局限而是遍滿性的東西、不會被其他的惡識性物捉、人的靈識若果潔白清淨、即與大靈合一協、如小鳥乘於大鳥之背上一樣、可以飛躍到了天空之際、其精神如日光一樣、波及大地為世間貢獻真善美而擴展其功德。

或有人疑問：人類動物要藉賴腦筋來思考發動其微妙精神力量、死後沒有物質腦筋可以活動、怎會發生靈動？吾們要知道：物質本來是空性的、與靈界一樣是一種渾德的幻成物、百川入海同一鹹味、靈界與現象界一體、個體之形成只是其業性、吾人有了肉体而被迷住了、現象之內容或構造与大灵当体相同，是大灵当体之顯現，这是自然律，一切都是宇宙当体之活動太素，不假造作，生滅自如、是一种幻变神通遊戯技，生亦不是生，滅亦不是滅，是不生不滅。植物还是有灵識，会吸空氣、水土、日光，生長開花，結子。只是没有痛覚神経組織而已，它有精神，未成熟的果子就發出酸澀之味，成熟就發出芬芳之味，又甚愛它的心情去対待，它就会放出美麗喜悦的光，它有貢献与保護的功能，如其身脆弱即会生刺來保護，像花類因貢献人類而生香与色，並且全身柔軟阿那多姿，一切都是具備了它需要的條件，这都是宇宙大靈之傑作。

有人疑問：人死後的灵体是生前一樣的形相或変怎樣呢？

人死後是無所不相的、是由你的靈識想什麼就變什麼、這種業力不但在靈界、會成為未來的世間之相、嗔怒的相之業識、輪生後亦會形成嗔怒相、所以在生嗔怒性死後亦嗔怒性、又出生都會相續是嗔怒相的性、平常想念慈祥的佛或菩薩相、塑造心靈的性相、死後的相亦相同、而輪生世間時亦會成為好相、但是物質是新陳代謝而無常的、初好相、若果緣了惡念即會變成惡相、故要時々展現美好的思想來塑造好相是必要的、善良的人必定相好莊嚴是不一而否認的定律、三界唯心、萬法唯識、一言破千古、所以想在靈識之好壞的意念、會影響死後之業擴展延續不斷、也忍受苦惱

若果免於延續必須停止其意念、將其底蘊完全淨藏、重創其新觀念、精神集注於宇宙一元、工夫做到純熟再不被

舊意識支配才行、这就是大死一番（旧意識）才有大活的生命，这新生命的開始是現在創造的、並非什麼上帝賜給你的、並非佛保祐你的，这种死後之神識之擴展是永生的、而宇宙同体而而万物长青的、这种精神思想波及遺留世人之精神中，那是神識擴展之一面意義。

第十章 神識与現世的門户

人類的意識，當它在世間擁有肉体的時候，是周遍於全身範圍，等到它死後肢体軀殼腐朽，它的意識就收縮變更位置，現世的意識因被全身器官所支配搖動不寧，死後僅是將收縮的蘊結飄出軀殼，由此蘊聚紓展生前的經驗相續輾轉而已，再沒有新鮮的事情可以發生出來了。雖然它的含識可以自由伸放擴大，瞻望瞭闊，可含納生前的過程、而沒有與現世不同的世界存在。現在人們當他入了定、亦可以感見未來的發生事項、死後的神識亦可以感見、因為現象界要發生的事項、已在靈界漸漸地蘊成、後來顯現於現象而已、但神識所能感見的各項、不過是基於現世為原則、其識神之一切享受是與現世行為平均的、現世人不過看不到死後的情境罷了。

這裡所謂內在「靈眼」雖死後清晰明辨、生人亦可以用禪定的工夫去大開眼界、禪定若入到「空無邊處定」隱能一睹廬山真面目(現象的行為思想比例、不過略為比擬而已)。人們若能令現象之精神活動靜止、顯出其本來自性、而使其舊有的意識深藏、此際就可以與大我合一、當體現成。這方法即在日常生活中常觀自己是大我之一部份、處成其意識、（閉目靜坐少時如是觀念、臨終時亦復如是觀念、深信無疑、即現生成就、死後亦成就。

因為大我是宇宙唯一的灵体、其是万行、有聖愛、熱識、服務的美德、吾人若要融入大我懷抱、則當要力行大我的美德思想、大我無自私是唱反調的、所以人們要多做公益事業、一切行為以服務為目的、成人之美為職責、俾使心灵純善、不為邪見惡識隨處入犯為宜。

灵界之惡灵是会憑依邪見自私的人身的，世間上多被惡灵（邪灵惡鬼）入侵变成神経病，因其惡灵侵入人体之意識变成双重人格、精神動力發動腦神經、起了幻覚、精神恍惚、其实沒有什麼一個神或鬼的個体在作弄、只是惡灵的波長雜交、如收音機不正常收入雜波一樣的結果。所以吾人的精神思想像收音機要保持真善美正常才行。

你若遇到被惡靈侵犯的患者，你不要怕、要觀想你自己是大靈之化身、放出強烈的慈光加以沖破其黑影、其黑影就被你同化，其患者就會迴復正常、若果以敵視的心理去對待反會副作用。宗教家是精神去支配物質的、科學家是物質去支配精神的、其實精神力量才是大。連科學家本身亦是用其精神來發明科技、而不認精神乃是有些偏見、精神存在物質互為發用才成為活物、否則成為死物。

上述為例，吾人之精神思想所發出的念波是與陰陽兩界之苦樂莫大的、對於靈界之交感亦比較敏感、因為靈界與現象界是同一地方，所以吾人想什麼、靈界就感什麼、人們的心內思想未公開於現象界、以為無人知悉、可是以灵界来説、已是公開了。一念生起壞思想就被灵界恶識欢迎、遂而成為依現象之不幸、一念好思想就被灵界善灵喜欢遂成現在的幸福。這是息々相関的定律、日常善念的人睡眠時比較不会做悪夢、人死後的生活感受是在世時之思想作為之潛意識交織而成、与諸人做夢相同、灵識因沒有肉体支配所以比較活人率直、吾人可以喚醒它的幻夢而解脱其苦境、可惜人類難醒、灵界之蘊識攝集而是心、人類之思想發端亦是心、所以出入门户都是心、因為一切雑念是組織性、是無自性的、改造与否只在一念之轉而已。

第十一章 人死後移入灵界

人生於世、凡身是無常地代謝著、由其宿業来維持其生命存在、正像混凝土的粘性吸住其他物質在一起一樣、看它所用之水泥多少度數、来決定它的生存時間之長短、其力一失則自崩潰。这裡所謂的力、即是業的組結、这种組結雖会潰解、但其業能之内容之記憶、感情、善惡等各種行蘊、離潰肉体後还是継續活動。

肉体的諸根構造到了死亡、即失去業結力即漸行破壞、最初眼耳鼻舌身的活動意識、遂失去了世間的光境、这時粗笨的土質成分落入水質、失去繫著性、其次水性化入火性、那時会感覺乾燥、其次火性化入風性、其体就失去溫度、其次風性化入空性、当時一切知覺就停止、最後就收入潛意識中入於靈界、若是善的意識就被高等靈識吸住、落入淨光中；至於不善的意識即会被惡緣吸住。在業能未集中減弱的當中、其苦業懸殊。於一息不来之際、外的識界剛收入，當時內的意識尚未離肉體的半小時內，常會生起一次覺醒狀態，謂之「迴光返照」，恍惚間看到像夜月之光的境界一樣；其內在的意識感覺像煙霧般的白彩，這時平常有修養的人就有放下嗔恚的意念，有這意念發生，外境就會變成如十五夜月光照射的覺受，內在就感覺好像青色的螢光，這時有修養的人就會生起放下貪欲心的念頭，那麼這念生起，就會轉變其外境如同月蝕一樣的境界，而其光漸漸弱下去，就像日中的黑暗淡光，內境的覺受就像玻璃或薄幕蒙罩的燈光，這時要放下一切愛欲的意念，不久就會進入光明的境界，外的感覺猶如晨曦曙光，內的感覺猶如無雲的秋日晴空一樣，此時幻識具有情感，為之「中陰初期」，若在這覺境中，不會放下世上的欲念，就無法被大我自性攝覆了。

人們死後見到白如月、紅如日、黑如漆的三種光的時、要加以注意、應立即掃除一切妄念、在發現了無雲晴空的境界時、幻境已經消滅、那時當下即用自己的淨識、同時可與母佛之大我光明會合。

臨終時決不可恐怖、妄想、起了愛情、仇恨等心理、當要自恩、頓即大覺、態度安然自如、方能接受大我自性納受。死後不能享受清淨光明的境界者、乃是在世的惑業所蔽、所以好像受了雲霧遮蔽的暗月似的「業果光」倘能趁這個時候除卻妄想執著、即有大空境的出現。

吾人在世必須排除妄想、時時覺知心之所繫絕、死後方統其含識力語素、由其所處業性之九竅的某處游離出俸、識為中陰感界之靈識、被所執着喜愛之業力支使、任其轉生輪迴。

人死後在光消滅、色消滅、識又生的覺受時、能夠掃去妄想一切放下、即其含識会由肉体的頭頂百会穴飄出、直接與天界母体相会、若從其他九竅飄出、即有六道之分、飄出之神識若發見白色之光種者、即被天道吸入、若發見紅色的光種者、即被餓鬼道吸入、若見灰黑色光種者、即被地獄道吸入、這都是被貪欲、嗔恚、愚痴的業力所融、當時對其光種之發現、應立定主意、保持鎮定方免被吸。

入於白色光種是天道靈界的、天道界中的靈識可以互感。相見、其他各道亦相同。天道界沒有日月、故無晝夜之分、是在天道界似明似暗、如破曉、如黃昏入夜的光境、的確是一种好夢、这夢的時間長短是在世時之修為程度来比例的。但是俗氣執重的人、往々在这期間投胎轉生。

若被「如烟霧」的光種吸入、即往於地獄道。若被黄色光種吸入、即往人道。人道光種还有不同光種貴賤不等、若被紅色光種吸入即入餓鬼道。若被綠色光種吸入即入修羅道。若被灰土色光種吸入、即入畜生道。

人死時未見淨光以前、还有四种恐怖境界、因為粗質之肉体之轉變力。在分崩的時候、有如山崩地裂的巨响、其水分的轉變力、有如海嘯的淒然声响、其火燄的轉變力、有如大火災的烈燄声、由其風大的轉變力、有如颶風的声浪、其互相交加現象、有如雷鳴的霹靂巨响。那個時候急欲逃避其恐怖、即会由它的業力現出上述之霧白、黄、紅、緣、灰、白等光種、失足而奔入即隨其趣了。因為業習的業緣、所見不同。尚有見到強烈的發光球體、噴出火焰在前、還有狂風暴雨追逼在後、或見到一些怪形的男女形相、或見到一些刑具慘施毒刑、或見到鬼卒把人捉入地牢鐵獄的境界、因而大驚起來、逃進入於樹穴、地洞藏身、即會墮入餓鬼化生道中去、若逃至湖泊見水面有鳥隻游行、即會墮入禽類去、若逃至曠野見到牛羊馬類嚼草、即會墮入畜類去、若果逃至房屋地方、見到男女交合、即會墮入人道去、若逃往山山見到宮殿輝煌、即生於天道。

大概一七或至七七之中現出境界去投生、但是大善、大惡不會過中陰、或有臨死含有怨恨執着者、亦不過中陰。這種未入六趣的含靈、亦名「尋香者」其靈識在靈界飄動義者隨心所欲的飲食衣服住処都由心思顯現、如人在夢中喚起感情、行為、以時空交錯而織成美夢一樣、義者常受樂境、惡者有時會去憑依世上之惡識者、做出滔天大禍、或有怨恨自殺者，常々重演故技而苦惱、或有不幸被車禍死亡者、都會時常重演其過程、帶來人間之不幸，若遇有德之士加以勸化、令伊懂因緣生法無自性、放下一切即得超脫苦境。

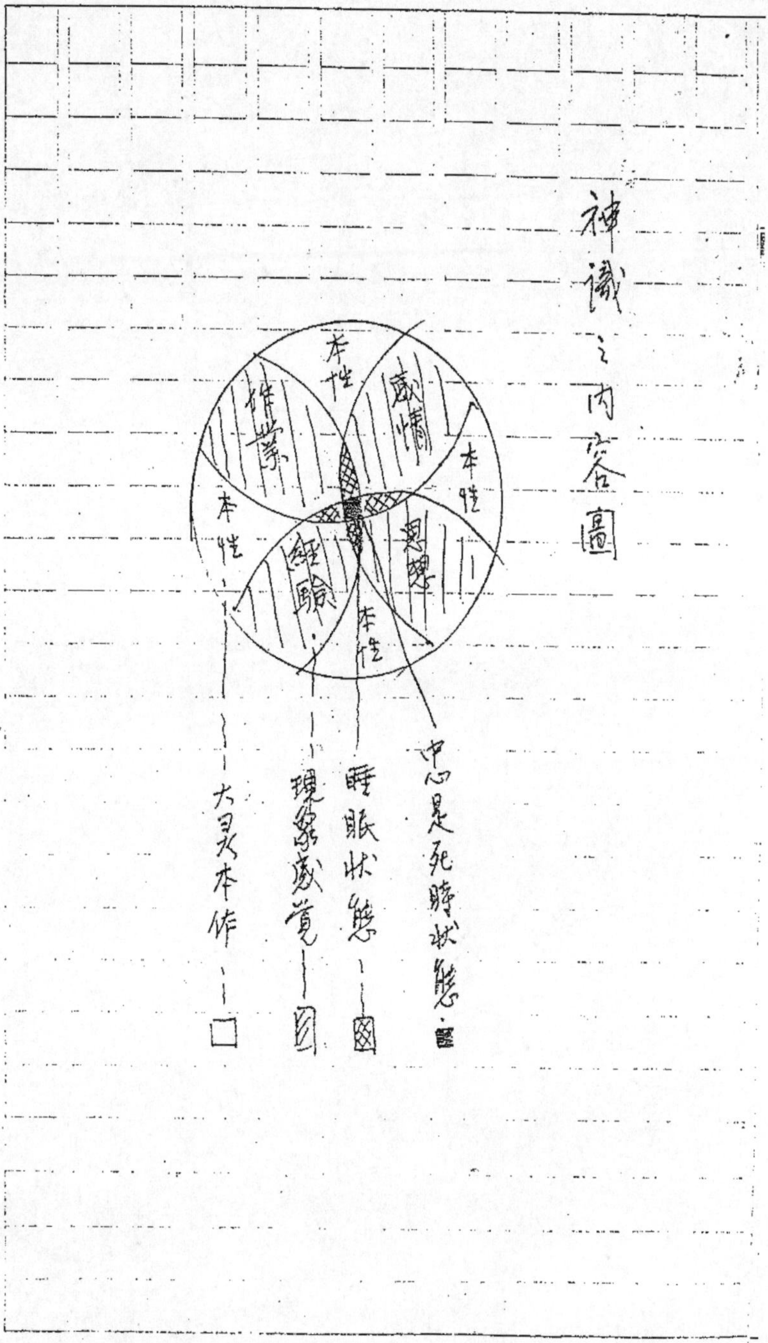
神識之內容圖
本性
作業
感情
本性
本性
經驗
思想
本性
中心是死時狀態
睡眠狀態
現象感覺
大日本作

附錄三：
顯密差別問答鈔手稿

顯密差別問答鈔 上

真言宗 教尋 撰書

五智山 悟光 略化

顯密差別之問答（下帖）、依十住心論之次第淺深具論之、

問：真言之地位是种無地位遷登說，其意如何？即身成佛義說：小機者次第經十六生成佛、是竪義也。大機者即身不經十六生成佛是橫義也。所以遲速各殊。此釋已說小機次第經十六生成佛故是遲也。仍小機不即身成佛。以知次第經歷後十六生成佛也。尔者何可云無地々遷登無初後高下乎？答：十六大菩薩之位有二義；一者同時證，二者諸次第證也。同時證者：頓悟之行者直證自心本有之法界總持之心王体性故，自然證得体上之十六功德，故云同時證

、是為真言之即身成佛也。次第證者：漸悟之行者即依十六功德之次第證得成正覺故，且雖云成佛，不云即身成佛、雖云十六次第證得，但沒有明昧沒有淺深也。

問：雖十六次第證，謂何沒有明昧沒有淺深耶？答：十六同是心王之一法生故，十六是一一心王是無異也。故聖位经云：佛德三十六皆同自性身。私云：皆同自性身者，是心王之自性所成故名皆同自性身也。又金剛礼懺云：金剛界大曼荼羅三十七尊並是法佛之現證，菩提之內眷屬，毘盧遮那互体也。又菩提心論云：瑜伽中之諸菩薩身者，皆同大毘盧遮那佛身。大日经疏第一云：由此眾德悉皆一相一味。到於実際故名集會。若小分未等，一法未滿，即不名一切眾会也。已在真言之經論中，或說皆同自性身，或說皆同大毘盧遮那身、或說毘盧遮那五体、或說由此衆德悉皆一相一味於実際、心知自性法身之心王、自性所成之十六大菩薩、皆同大毘盧遮那、故十六之位是皆同沒有明昧沒有淺深。以真言經論之說文可明白也。敢不可疑惑耳。

問：真言之經論已說：瑜伽之諸菩薩皆同大毘盧遮那、故十六実無異執、全沒有明昧、更無淺深、然無高下、雖然現世証得歡喜地、從十六生成正覺行相未明如何可明了乎。

答：以真言三密之行法、晝夜四時（初夜、後夜、中夜、日中）精進修行、以横而言、智々平等一相一味、無礙輪圓実智、現世證得歡喜地、（此云歡喜地者非指顯教之歡喜地、是真言密教之歡喜地也）。積集一大阿僧祇劫之福智資糧、衆多之如来所加持故、乃至十地等覚具薩般若（一切智智）證本有内證之十六圓満月輪、三摩地菩提心、成究竟最上正覚、故云現世證得歡喜地。後十六生成正覚。證得歡喜地以去無多生隔生、一生一身之上至究竟故、亦名即身成佛。故一本之即身成佛義、引現世證得歡喜地後十六生成佛正覚文、為真言之即身成佛之證據也。又出生義云：真言秘教詮地位之漸階開等妙之頓旨也。

問：真言之地上没有明昧者如何？答：大日経之疏第一云：得除蓋障三昧聞佛之智見、位同大覚也、以其自覚心故使得佛名、然非究竟覚之妙覚大牟尼位、猶如浄圓月之体雖無增減、然亦会漸々增、乃至十五日即能動大海之潮也。此釋文之中已云浄月之体無增減、其明漸々增、以智真言之地々可有明昧也。又疏第三云々以中道正觀離有為無為界、極無自性心生即是心佛顯現、故曰正覚之句、以深観察故、如入大海漸々転深、乃至毗盧遮那。以上上智観方能尽其底源、故曰漸次大乗生句。又此文之中已云如入大海漸次転深、以知真言地々可有浅深也。又疏第三云読秘密之中漸次転深乃至佛為十地説般若、則是九地非其境界、唯大毗盧遮那得名究竟阿闍梨也。又此文之中已云九地之菩薩不知十地之境界。又云有因位果位之差別、名毗盧遮那究竟之阿闍梨。故以知真言之地々、可有地々浅深。有因果差別也。如何可云真言之地々没有明昧没有浅深、無因果差別乎。

答：真言之地前地々是異於顕教也。夫真言之地前者是竪義也、地々是横義也。

問：真言行者從初心入大空三昧、觀三密平等、雖然未證
三密之諦理以來、更無地上之功能、豈此人可名地上之菩
薩乎？答：真言行者雖未證三密之諦理、若入大空三昧
觀三密平等者、是修自性法身之處行故、超過十地故、經
說超過十地也。何況現世證得真言之觀喜地、入金剛薩埵
之正位者、即同大毘盧遮那也。故論說之瑜伽中之諸菩薩
身、皆同大毘盧遮那佛之身。疏云若明心王心數之諸尊、
皆同一相一味、皆是集會也。真言密教證初地時同究竟妙
覺大日之位、更無淺深差降故云從初地得入金剛寶藏也。
問：真言秘教現世證得歡喜見道已後皆同大毘盧遮那、沒
有明昧沒有淺深者、謂何疏第一釋：得除蓋障三昧開佛智
見、入法明道、知自心之本不生、生大慧之光明普照無量

法性、見諸佛處行之道、使得佛名、然非究竟妙覺之大牟尼位々如淨月之明漸々增、如此釋文者、真言之地上猶不同大牟尼、須有明昧。如何可云皆同大毘盧遮那沒有明昧淺深乎？又疏第三釋：就祕密之中漸次轉深、乃至佛為十地說般若、則九地非其境界、如此釋者真言之地上可有淺深也。地々有知不知之差別故。又云如入大海漸次轉深、又云處見曼荼羅愈深愈廣、如此等之釋者真言之地上決然可有明昧淺深地々遷登也如何？可云沒有明昧沒有淺深乎？

答：於真言之地上、真言之經論、或宣無淺深、說皆同一味、或章疏之釋、有明昧、示有淺深、是大疑惑也。今此重明可決之也。夫於真言之十地從本以來有明昧淺深、有地々遷登是地前之行相也。雖轉深妙是修生之轉勝、次第之秘密故、猶是遮情之義也。真言之十地者、是自性法身之本有無垢之心地法也。止即是行者本有無垢之內證曼荼羅也。本來法爾、沒有明昧淺深、智々平等、一相一味也。故大日經疏第一云：如來之種々三業是皆至第一實際妙極之境。身等於語、語等於心、猶如大海之遍一切處、同一醎味、故云平等也。今就此宗謂修如是道迹、次第進修、得住三平等處、故名句。即以平等之身口意之秘密加持為之妙觀為方便、故速見加持受用身。如是加持受用身即是毘盧遮那遍一切處身也。遍一切處身者是行者之平等智身也。是故住此乘者以不行而行、以不到而到、而名為平等句、一切眾生皆入其中而實無能入者、無處入之處、故名平等。又平等之法門則此經之大意也。又云行者以此三密方便自淨三業、即為如來之三密之所加持，乃至能於此生滿足地波羅蜜、不復經歷劫數、備修諸對治之行。若乘神通之人於發意之頃、更至所詣，不得云發意間云何得之神通之相系也，不應生疑則此經之深旨也。若人入諸佛之三密、無不窮盡橫竪之義理神通之相如處之引文！不應生疑，都而瑜伽之中，一切菩薩亦復如是。故菩提心論云瑜伽中之諸菩薩即同大毘盧遮那佛身。又大日經第三云、又令普顯現隨類之身、而言悉現如來身者、明本迹俱不思議也。加持不二，豈欲令獨一法界、作種々形耶。行者如是解時觀毘盧遮那與鬼畜等尊，其心平等也。無勝劣之想、輒從一門而入皆見心王。是故作佛事也。應知現世證得歡喜地已去諸位，地々後有明珠勝劣高下淺深也。但一道無為心生、極無自性心生之真言門之菩薩、斷極細妄執故、必堪作祕密行之阿闍梨。故雖云淨菩提心以上之菩薩十住地、名真言之信解行地、名到修行地、所證極深故、極深極妙、而竪論甚深之極玄限、是竪義也。故猶是真言之淺略也。比対顯教故也。真言之菩薩之法明道生、開佛之知見名佛、猶如淨月之明漸々增者、於真言門之菩薩之一道無為心生位之人論明昧也。極無自性心即得廣第三劫、等覺空之心無迷之智慧、甚深之般若、已作祕密行之阿闍梨、此真言之菩薩、九地不知十地、是極無自性心生之所證極深故、竪猶論淺深、是真言之淺略也。則顯教分際也。又云如入海轉深、又於所見之曼荼羅、云愈深愈廣等、例之可知、當知論麁細次第之斷道是十乘三乘等之遮情教门之斷惑證理之行相也。又直同淨菩提心、照明諸法故、不用功力、便得除蓋障三昧、見八万四千之煩惱實相、成八万四千之寶聚门。初發心之時便成正覚、得如來一身無量身、初位得御位之功德。猶論明昧、是法花等顯一乘之教相也。或已開淨知見照法性之圓融、解脫一切業之煩惱時、印知一切業煩惱無非佛事。本自無有縛令誰解脫耶。一斷一切斷、一成一切成、在於一地普攝一切諸地之功德、因果無二也。始終無礙也。猶明從明至著、階位之漸次有次第行布等、是真言之淺略也。花嚴等之顯一乘之表德之教门斷惑證理之行相也。今真言秘教金剛一乘之表德教门曰能治之道品、是一一行者之本有內證之秘密金剛智印也。論之、處治惑障印一一皆諸佛之法然自性三摩地密印幖幟也。何捨何取哉。故十住心論第一云：苦哉！末学迷大虛空於小室，偷鳴鐘手掩耳，惡水覆火、捨心覆色，若能明察密號名字，深開莊嚴秘藏，則地獄天堂佛性闡提、煩惱菩提生死涅槃、邊邪中正空有偏圓、二乘一乘皆是自心佛之名字也。焉捨焉取，乃至迷之者，以藥夭命，達之者因藥得仙。迷悟在己，無執而到，有疾之菩薩，迷方之狂子不可不慎。此釋之中明煩惱菩提生死涅槃邊邪中正空有偏圓一切善惡迷悟染淨色心依正之諸法，悉皆自心佛之秘號也。秘號之下一切善惡事理，即是一一之自性法身內證之三摩地也。又真言行者之本有金剛智印也。焉捨焉取乎。唯不知秘密為迷，若信解秘密為斷惑也。

問：真言之歡喜地以上、無斷惑無明昧者，謂何大日経之疏第十五，引寶炬陀羅尼經之百心成佛之歓喜等之十地為真言之十地，云此十心転復光顯離垢也，乃至第十地亦有十心，即是凡有百心，一々転勝可准知也。此地位之中已云：十心転復光顯離垢，乃至凡有百心一々転勝，真言地上可云有斷惑有明昧也。何云真言之地上無斷惑無明昧乎？答：於真言之十地有淺深，淺略之十地即論斷惑詮明昧、是則真言之淺略十地也。擬対顯教故云顯教之分齊也。真言之深秘十地者，於前之淺略十地之中，一々示深秘故云真言之深秘十地。是名真言真実之十地也。故秘藏記云地々遷登是顯教之地位也。真言之地位無初後淺深差別，一々之人秘密法文也，凡異餘乘。又疏云百心成佛是宝炬陀羅尼經所說也，甚深微細也。私云：甚深微細者，有重々淺略、有重々深秘、秘中之深秘、乃至十六門之釋義、十六玄門等之無盡旋陀羅尼之義也。

問：秘藏記處々說三妄十地有淺略深秘乎？答：其三妄十地有重々之淺略有重々微細之深秘也。

問：秘藏記之三妄十地說，如何？答：秘藏記云：越世間之三妄執、出世間之心生也。三妄執者貪瞋癡也。開者百六十心、乃至八万塵勞也。越三妄執越三僧祇劫也。是即十地究竟也。過此修上々方便、斷微細之妄執至佛果故，經曰此四分之一度於信解。於此文中大有二門、一者淺略門之三妄十地、二者深秘門之三妄十地也。第一淺略之三妄十地門、問曰：真言之三妄執者是五根本之煩惱、百六十之隨煩惱、麁細極細三妄執也。但謂何貪瞋癡之三毒名三妄執乎？答：貪瞋癡是皆通麁細極細之三妄、故云三毒名三妄無通失也。

問：貪瞋癡之三毒如何通三重妄執乎？答：貪瞋癡是皆通人執相應起、法執相應起、無明相應起、故通三重妄執也。

問：大日經並疏云：五根本之煩惱、五度再數成百六十隨煩惱、今云貪瞋癡、開者成百六十乃至八万．三毒爲五根本數已不同、如何同云成百六十乎？答：五根本五度數之成百六十、故貪之一煩惱起時、有百六十、乃至疑煩惱之起時亦有百六十、故三毒一一開時、云有百六十也。

問：五根本之煩惱五度再數成百六十、方何也。答疏云：此五根本之煩惱、初再數爲十、第二再數成二十、第三再數成四十、第四再數成八十、第五再數成百六十心也。以衆生之煩惱心、常依二法。（私云二法者貪無貪、瞋無瞋、乃至疑無疑等也）不得中道故、隨事異名轉分為二（私云隨事異名者、隨六塵境事起心、愛色惡色、愛聲惡聲、亦瞋色喜色、瞋聲喜聲、如是事々有、有無邊執不得中道、故云隨事異名轉分為二也）

問、五度再數成百六十意如何。答、一切衆生之無明一念之心性是無始以來之根本十煩惱、隨煩惱二十乃至八万塵勞皆悉具足、一々之根本隨惑是緣起之一念之貪心起時本來具足、相應種類而有貪瞋癡等二法。即貪無貪、瞋無瞋等之十煩惱。故云初再數為十也。第二再數成二十者、瞋煩惱起時、瞋具足前之貪無貪等之十、無瞋具前貪無貪等之十。故云第二再數成二十也。第三再數成四十者、癡之煩惱起時、癡具前二十、無癡具前二十、故云第三再數成四十也。第四再數成八十者、慢煩惱起時、慢具前四十、無慢具前四十、故云第四再數成八十也。第五再數成百六十者、疑煩惱起時、疑具前八十、無疑具前八十、故云第五再數百六十也。又疑為始逆數經貪亦同成百六十也。五根本之煩惱皆同。始終次第無定。但五中隨起為始為終、五度再數成百六十亦復如是。故貪具百六十、瞋具百六十乃至疑具百六十、有五种之百六十也。此百六十具貪時此之百六十皆成貪之种類、具瞋時此百六十皆成瞋之种類、如是五种百六十之种類義門各別也。故探貪瞋癡云云百六十乃至八万意可知也。

問：今舉貪瞋癡為麤細極細之三重妄執其意如何？答：舉

貪嗔癡之三毒為十地所斷之三妄執、淺略深祕具有甚深標趣也。

問：貪嗔癡之淺略其意趣如何？答：入初歡喜地證虛空無垢之菩提心為因之句時、斷一切之貪欲愛染戲論分別，從第二地至第七地證大悲為根之句、時斷慈悲違背之嗔恚細妄執、入八九十地證方便為究竟時、斷相違不思議善巧智之愚癡極細妄執、遍此修上々方便、斷細微妄執至佛果、故經云四分之一度於信解、謂之淺略次第行相也。

問：此三毒之三妄執、一念之妄心起時、貪嗔癡之三妄執之一異起方如何？答：若說一道無為心者、根塵相對之一念之心起、即空即假即中也。云何即空？謂此因緣起一念之心起、不自生、不他生、不共生、不無因生、是故無生也無生即是空也。云何即假、謂無主而生即假也。云何即中、不出法性故也。亦若橫若塵、若心若法界、並是如來藏也。菩提是中道也，並是實相也。此一念之心不縱不橫也。不可思議也。此心即是如來自然智也。亦是毘盧遮那遍一切身也。當知己心具一切佛法、非但己爾，佛乃眾生、亦復如是。故華嚴云：心佛及眾生是三無差別。介爾有心具足橫豎法界、所有之三千諸法，此橫豎之諸法是盡虛空遍法界千如，三千世間、一塵一念、一一悉具足，一一周遍法界、互相圓融、譬如虛空千光互相不礙。如是圓融之法界、唯是我一念之心也。故弘決云：又復學者、縱知內心具三千之法、不知我心遍彼三千、彼彼之三千互遍亦爾。為順凡情生內外之見、應照理律本無四性、心及眾生是三無差別。釋籤云：一念之凡心已有理性之三密相海，一塵之報色同在本理毘盧遮那，方乃名為三無差別。又云各稱本習而入圓乘，本習不同即圓乘非一。本習不同圓乘非一者，釋七寶大車其數無量，圓乘者明開佛知見，其一切之佛法也。當知此一念之心，論假具足橫竪法界之假，論空法界即空，論中一念不動法界即中也。故云一假一切假，一空一切空，一中一切中，此三諦互相即互圓融，不縱不橫，此曰圓一心三觀，於此三觀一心，不覺即空，愛有偏執，是法界之貪欲也。不知即假，違背大悲是法界之嗔恚，不知不覺即中之不思議實相也。無明是法界之愚痴也。此三諦之不縱不橫不思議中道實相，不知不覺是微細妄執也，是佛智之所斷也。此三諦一諦非三非一，不縱不横之一心三觀是頓斷法界之三惑，證圓之初住位時，我一念之心具足横竪法界之圓德，圓遍法界施不思議之化用，故釋籤云：當知身土是一念三千，故成道時稱此本理，一身一念遍於法界。證初住位時，即得後位功德，又於位位瑩明昧，參一生一身究竟十地，乃至證入究竟妙覺之果海，是為一道云為心之廣三妄行相也。若就極云自性心，有一念貪心起時，此心之体性是離言之性海，圓明不思議法界也。不可說其体相，但約其用。十義云參之十玄緣起，六相圓融，主伴具足，故云彼能障之惑亦如是也。如法界之一得一切得，此煩惱亦一斷一切斷也。故華嚴五教章云：若依圓教，一切煩惱是不可說其体性，但約其用即甚深廣大也。以如障法一即一切，具足主伴等故，彼能障之惑亦如是也。是故不分使習現种、但如法界之一得一切得、是故煩惱亦一斷一切斷也。故普賢品、明一障一切障、小相品即明一斷一切斷者是此義也。又此斷惑之分齊、是准上下之经文有四种、一約證、謂十地之中斷、二約位、謂十住以去斷、三約行、謂十信之終心斷、四約實、謂無可斷、以本来清淨故、廣如经說。證圓教之初住位時、初發心住便成正覺、一斷一切斷、一成一切成、即因果無二、始終無礙、於一々位即是菩薩也。即是佛也。又疏第二云：行者解脫一切之業煩惱、即時知一切之業煩惱無非佛事。而猶於位々無其明昧、一生一身究竟十地、乃至第三生證入果海、此極無自性心斷三妄證十地之行相也。

問：秘密莊嚴心之三妄十地之義如何？答：貪初地斷、嗔七地斷、癡八九十地斷、微細之三妄佛地斷是淺略也。

問：貪嗔癡之三妄十地、如是斷如是證義理如何乎？

答：貪嗔癡三妄十地、如是斷、如是證之義理是真言法爾之三妄十地之義也。

問：真言法爾之三妄十地之義者是可秘深、云何說淺略哉。

答：雖真言法爾之義為機示故、隨緣為淺略也。

問：貪心之法隨緣之義如何？

答：迷自心本有之無垢無染金剛智印、緣起現前貪心、即是本初不生、無垢無染、實不可得故、現第一重之金剛手等之諸內眷屬。迷自心本有之大悲万行、緣起現前嗔恚、即本際畢竟空故、現第二重之摩訶薩埵大眷屬。迷自心本有之善巧方便、緣起現前愚癡、即阿字本不生、遠離諸戲論故、現第三重之一切眾生悪見隨類之身。此三妄三点三句是本来法爾有一念之心、不縦不横究竟真実也。佛菩提自證之德聚。現八葉中胎藏之身。又根塵相対、一念之心起、即空即假即中也。三法無定相、名不思議幻、故迷即空無相之菩提為貪。不知即假、大悲万行為嗔。不覚即中、方便為究竟為痴。此三点三句必有一念之心、明見十縁生句実相即是十地究竟也。如実竪知十住心之義理、横見塵数之四種曼荼羅、故云四分之一度於信解也。故大日経疏第三云：若於一念之心中明見十縁生義、則上窮無尽之法界、下極無尽之衆生、其中之一切心相、皆能了々覚知、以皆従縁起、即空即假即中故曰如実遍知一切之心相。以上是真言之三妄十地之浅略義也。此之縁生之一念之心、即是法爾之三点三句、遠離於因緣、如實相之智生也。故證見胎藏之四重曼荼羅、即身成佛之四分之一是度於信解也。證第十一地也，得無上之悉地不論昇進明昧、即無言之深秘之三妄十地之義也。又一念貪心之中、見胎藏界之曼荼羅。金剛界之曼荼羅、乃至無量法界之曼荼羅。見嗔中之法界曼荼羅亦復如是。癡之中亦復如是、如見一地中法界曼荼羅見一切地中之曼荼羅亦復如是。如見一塵中之曼荼羅一切塵中亦復如是、此則三妄十地之秘中之深秘也。

問：一衆生之念々塵々之中之曼荼羅即是為一切衆生一切諸佛同一体性之曼荼羅、或為當一切衆生一切諸佛各別之曼荼羅乎?答：一佛一生有胎藏界金剛界等之法界曼荼羅、尽虛空遍法界之一切諸佛一切衆生亦復如是。故教王經

満顯云〻。大覚尊根本五智、十六智及三十七智、乃至塵數佛
智、斯乃一佛一切衆生之德也。此一切諸佛一切衆生之念
〻塵〻之中所有法界曼荼羅、皆如帝網重珠涉入輪圓、周
遍虛空重〻無量。故十住心論第一云〻：如是自他四法身是
法然輪圓我三密也。天珠涉入遍照虛空、重〻無礙而遍刹
塵也（已上真言之三妄十地之秘〻中之深神也）
問〻一念一塵之中見法界曼荼羅無念如何。答〻：本有無念無
垢之密嚴依正是一念、是法界曼荼羅也。一塵即法界曼荼羅
也。今凡夫妄想故、念〻執人執法、不觀念〻之中之法界
曼荼羅。不念塵〻之中之法界曼荼羅、故無有出離生死之
期焉。今觀真言之菩提心、顯證法界曼荼羅者、歷緣（歷緣
者行住坐臥語默動作也）対境（対境者対色声等六境是也）念〻

所觀我本有無垢之三業之体(体者六大是也)相(相者四种曼荼羅也)用也(用者身口意三密平等也)。具釋如即身成佛義之凡大小權実顯密之中、發菩提心求證據者必觀證據之義理、故菩提心論云:如人貪名官者發求名官心、修理名官行、若貪財宝者、發求財宝心、而後成其志、所以求菩提者發求菩提心修菩提行也。

問:雖云所念々觀察法界曼荼羅、起處之念々塵々皆是妄念妄境也。如何所觀法界曼荼羅?答:善悪無記之三性、纔起一念之心、即如実能知而勿隨妄、必見自心之法界曼荼羅也。故大日経住心品疏第一云:此品疏論經之大意、所謂衆生之住心品、即是一切智々也。如実了知名為一切智者。又菩提心論云:妄心若起知而勿隨、妄若息時心原空寂也。万德斯具妙用無窮也。
問：緣起念々三性之心品、頓悟直觀之行相如何？答：大
日經約有法執人廣明經蘊處界等之諸法、求心不可得、今
信解真言之菩提心故、無計執人、但念々緣起之心品直觀
之、論有從異生羝羊之妄想、乃至秘密莊嚴內證之本有之無
盡三摩地功德法門、一法不缺、本來皆備則盡其性相。論
空則畢竟不生也。論中則自性法身心王也。以三法無定相
故不思議幻也。故疏第三云：空則畢竟不生、有則盡其性
相、中則盡偉皆常也。以三法無定相故名為不思議幻。又
云：若於一念之心中明見十緣生之義、則上窮無盡法界，
下極無盡衆生界、其中一切心相皆能了了覺知、以皆從緣
起、即空即假即中、曰如實遍知一切心相、又疏第十八云、

樂欲勤求正遍知之句者、知心無量即知身之無量。知身無量即身成智之無量、知智之無量即知衆生無量、證衆生無量即知虛空無量、證而得此也。秘密主、心之無量而得四無量已成正覺。即知衆生之無量、知衆生之無量即得知虛空界無量、秘密主：以心之無量而得四種之無量、謂除心餘之身智衆生虛空之心、有即法界有、空即法界空、中即法界自体也。不縱不横、三法無定相信解深住十緣生句口無戲論分別者、即是本初不生之曼荼羅也。是名真言如實知自心。亦名真言淨菩提心、如是念々觀察勇猛精進、一生見法界曼荼羅、乃至證心王大日位、即身成佛也。

問々真言行者之所修行法、多入本尊三摩地、修三平等觀、先成有相悉地、真言之悉地是本來法爾即事而真故、即有相悉地。得無相悉地如何？今云念々起心、如実観察、見法界曼荼羅、印身成佛也乎？答：入本尊三摩地修四時之行、猶是真言頓悟行之中、漸次修行之儀式也。行者之三業本來法爾自性法身三密故、念々觀察三密之実際、是密教中頓悟之行相也。故金剛頂義訣云：此定者是無識身等持也。

問：入此定者有何利益？答：凡識散亂外塵所牽、識隨塵起、種々妄見、隨見隨念、即為無量之諸煩惱所纏縛、以是因緣淪溺生死、以此定而止息之。又問：此定唯止識不起、不爲世塵而相和合、如諸佛境界出世実相百千三昧、出入自在也。動不動等、入有不有、入無不無、有無常一也。一印無量、無量印一也。而復識廣大建立、常住其中、不礙不沒如是知用勝妙之功德、自他利行云何得之？答：前之定河是漸學大乘及小乘等、及於外道同由此定、小乘以之為畢竟、外道不深、各各有異、漸學大乘者以為方便、息攀緣故、若攝入之者亦不由之、一切色塵為佛事故也。色相境界智所攝故、智性無礙無量之因故、若怖於塵境、受樂空寂、智無所用愚拙之深網也。如是之從其類非一。開顯教多明為他前二乘凡夫之現變化身說三乘教。為他上之菩薩現百葉千葉乃至不可說等之葉之台上、盧舍那他受用身。顯顯之一乘。若有機緣者、他前之二乘凡夫能信入之、我覺果海之理智不二之心王大法身是遍一切處之法之体性也。唯證相應故、為他之不可說其相狀。今真言秘教如何云明究竟我覺之法身如來說法乎？答：真言秘教對諸顯教所絕離之妙覺果海之本有理智不二一大法身之心王的內性內證、有其無盡之義理法門。隨一一之法門義理、顯現四種法身四種曼荼羅身、如帝網之重珠互相輪圓具足重之無盡也。心王名能加持之無相法身。此心王之無相法身現加持受用身名所加持身、能加持之心王是任所加持身，所加持身任能加持之心。能加持所加持、能所二任不二無相也。如此心王之現所加持身、心數一一之法門亦現所加持身、能所二任不二無相也。如能加持之無相身、所加持身、亦名無無相法身。如心王大日名無相法身、心數之諸尊亦同名無相法身。此義是疏中處處釋之。此心王心數之尊是毘盧遮那之五佛、輪圓具足的曼荼羅之身也故、說皆同自性身。亦明皆同無盡莊嚴藏。此能加持所加持之義者今為人之明其義趣、故似今建立而實是無始無終法爾常恒之四種法身四種曼荼羅身也。故十住心論第十云：如是自他四法身、是法然輪圓的我三密也。天珠涉入遍虛空重重無礙遍刹塵。自受法樂故、無始無終法爾常恒說三平等句之法門。此真言內證之法門是非大日如來所能、何況菩薩二乘凡夫乎。唯是自性本有之秘密曼荼羅三密平等也。故大日經疏第一釋云：無始無終亦無去來、即此實相之日是圓明常住湛若虛空無有時分修短之異也。

問：自性法身秘密曼荼羅自受法樂之說法、辯顯密二教論已說、等覺十地不能入室、何況二乘凡夫、誰得昇堂，然者法身如來之境界、因位之人不得見聞、云何大日教真言秘教怎能流布閻浮提之內乎？答：金剛薩埵為慈悲利生現地受用身於阿闍梨內廣宣流布也。

聞之大日教王等之真言教中，實行薩埵二乘凡夫終不能見聞之。為當有秘密之機得見聞乎？答：真言密教是非秘密之機、非佛之神變加持者、等覺十地都不得見聞，若有秘密之機、凡夫亦得見聞之。何況地上菩薩之秘密機成熟也。

聞之，雖秘密之機未拔無明障位之人，何可得見聞果海內證之秘密乎？答：雖凡夫之位內證秘密之意者，必依佛之神變加持力得見聞之也。故大日經疏第一云：然此自證之三菩提，是出過一切之心地，現覺之諸法是本初不生也。是處言語盡竟、心行亦寂也。若離如來威神之力，則雖十地之菩薩尚非其境界，況餘之生死中人也。爾時世尊往昔大悲願故而作是念，若我但住如是境界，則諸有情不能以是蒙益是故住於自在神力加持三昧、普為一切衆生示種々諸趣所喜見之身說種々性欲所宜聞之法、隨種々心行所觀照門、然此應化非從毘盧遮那佛之身，或語或意、生於一切時處起滅邊際俱不可得也。譬如幻師以神咒力加持藥草、能現種々未曾有事、五情所対悅可衆心，若捨加持然後隱沒、如來金剛之幻亦復如是。緣謝即滅，機兴即生、即事而真也、無有終盡故、曰神力加持經之文意可知之也。

潤之花嚴別教一乘於法界常恆之花藏世界、一々塵道中、塵數不可說諸佛盧舍（諸佛者皆是十身舍那也：盧舍者普賢之大菩薩也）集会無始無終說法、而大日教主等之真言經於密嚴法界宮中、心王心數無盡剎塵之秘密曼荼羅海会、皆悉集会法界常恆說三平等句之法門有何差別乎？

答：彼之華嚴別教一乘之花藏世界之說法是人法世界皆是普賢因人之感見分齊也。非妙覺果海之境界。從此性海圓明妙覺果海之大法身十佛之自境界（十佛者：一者無著佛安住世間成正覺故，二者願佛願出生故，三者業報佛信成就故諸行皆成且就一信，四者住持佛願世間不斷絕故。五者化佛不捨大悲大願力化用故。六者法界佛於一切處無所不至故、七者心佛善安住故三昧成佛就無量功德無所著故、九住佛善訣之故、十如意佛以普覆故，此十佛唯正報也。於圓教初住以上乃至十地等覺之菩薩、普因人集會之中應現十身合鄉之身（十身者一國土身、二衆生身、三声聞身、四緣覺身、五菩薩身、六佛身、七智身、八法身、九虛空身、十法界身，此十身遍依正也）。為普賢因人說十義無盡

（十義者一教義。即攝一乘三乘乃至五乘等一切教義。二理事，即攝一切理事。三解行，即攝一切解行。四因果、即攝一切因果。五人法、即攝一切人法。六分齊境位，即攝一切分齊境位。七師弟法智、即攝一切師弟法智。八主伴依正、即攝一切主伴依正。九隨生根欲示現、即攝一切隨生根欲示現。十逆順體用自在等、即攝一切逆順體用自在等、此等十門為首皆悉總攝一切法成無盡也。亦以十門釋前十義以顯無盡。十門者一、同時具足相應門。二、一多相容不同門。三、諸法相即自在門。四、因陀羅微細境界門。五、微細相容安立門。六、秘密隱顯俱成門。七、諸藏純雜具德門。八、十世隔法異成門。九、唯心迴轉善成門。十、託事顯法生解門。此十門一一義理具釋如五教章中卷。五教章云：此上十门等解釈、及上本文十義等，皆悉同時会融，成一法界縁起無礙门，普眼境界諦観察，縁時但在大鮮大行大見闻心中。然今此十门随一门中即攝餘门，無不皆尽，应以六相方便而会通之。上来如明并略顕別教一乘縁起義竟。問：以六相方便方会通之如何？答：五教章說：六相圓融頌云：一即具多名總相，多即非一是別相，多類自同成於總，各体故、異類現於同，一多縁起理妙成，壞住自法常不作，唯智境界非事識，以此方便会一乘。十玄縁起者，十门十義縁起自在也。六相圓融（六相者：一、總相，二、別相，三、同相四、異相，五、成相，六、壞相。圓融義如偈頌。無礙法门，八十經疏云：問：有何因縁令此諸法得有如是混融無礙？答：遮難陳略提十類：一、唯心現故，二、法無定相故，三、縁起相由故、四、法性融通故、五、如幻夢故、六、如影像故、七、因無限故、八、佛證窮故、九、甚深因故、十、神通解脫故。十中隨一即能令彼諸法混融無礙。是說因人之智慧之分齊故、名顯一乘、能化之教主名他受用身、融花藏世界之法爾常恒說法、猶是因分可說普賢之境界也。非妙覺果海之說法儀式也。顯一乘明妙覺果海唯相應故。離教說故、離機根故、不可說故也。但真言秘教明妙覺果海之心王無相法身之中台自性所成八葉心數大館內眷屬、第一重大悲大眷屬、第二重、普門方便雲影、第三重、塵數不可說不可說之心王心數、四種法身、四種曼荼羅、無始無終法爾常恒、為自受法樂之說三密平等金剛一乘甚深秘密也。

問、顯之一乘妙覺果海、何故云離教說離機根乎？答、顯一乘之妙覺果海是二儀之故不可說、一者理智不二、一心之理體是離言說相、離心緣相、唯識相應故不可說也。二者妙覺果海之功德智慧是唯佛能測量、因人不能測量、唯識相應故不可說也。故五教章第一云：性海果分當是不可說義、何以故、不與教相應故、即十佛之自境界也、故地論云：因分可說、果分不可說者是也。又五教章中卷云：廢智一切不可說、如上之果分也。乃至若廢智即不論緣起、乃至但同位窮滿者之勝進、即沒於果海之中也。為是證之境界故不可說耳。此等之文意云、理智不二、一心之如來藏性佛得不緣起。故章之上文云：但為生智顯理故、說去來等義耳。若廢智一切不可說、如上之果分者即其事也。又離說念無念之佛智所證之理不與教相應。唯識相應故云離教說、唯機根、因人不能測量故、唯証相應故不可說也。

問、顯之一乘妙覺果海之理智不二、一法身是離言說相離心緣相不與教相應、故言不可說者何故辯顯密二教論說、若依瓔珞經、毘盧遮那是理法身、盧舍那是則智法身、釋迦是名化身、然則是金剛頂經所說之毘盧遮那佛、自受用身之所說、內証自覺聖智之法者、此則理智法身之境界也歟、已在顯教云不與教相應、果性不可說、今真言密教云顯教處之絕離妙覺果海、本有無垢法然本初之理智不二之自性受用法身如來所說、名真言秘教。若云說法云何不思議、如理智之所說云之隱他意故名顯之一乘。不思議如理智之境界、唯証相應故云不可說乎。答、顯教証入離諸說念、万德佛性之理智不二一心、徹底名妙覺究竟如來、是名真正覺也。以此正覺之分齊、真言密教入金剛界大日曼荼羅之佛道為初門、授本有金剛界之三摩地菩提心戒、從此作祕密修行之阿闍梨、以三密之方便信解修行、證究竟曼荼羅身、故十住心論第八云：於諸顯教是究竟理智法身、望真言門是則初門也。又三昧耶戒云：受空性則所謂一道清淨真如法界之理也。於顯教最極醍醐之妙果也。於密教猶淺也。自此發極無自性心、是故佛言如是初心之佛還成佛之因。從此以後始發真言門之祕密曼荼羅心、是名究竟處心、從此以三密方便修行、證極究竟曼荼羅之心。十住心論第八又云：謂無相虛空相也。及非青非黃等之言、並即是明法身真如一道無為之真理、於諸顯教是究竟之理智法身也。望真言門是則初地也。言極無自性心者此一道無為真如法身之驚覺之緣力、更進金剛際之心也。故十住心論第九云之又極無自性心明真如法身驚覺緣力更進金剛際之又三昧耶戒之中已明極無自性心生、以後發祕密曼荼羅心、明知法花、花嚴之妙覺果海之理智法身、遍一切處之三身十身、十之無尽之身、三種世間摩訶衍一大法身摩訶毘盧遮那之假驚覺緣力進金剛際之祕密曼荼羅、名極無自性心也。

問之一道無為之真如法身與極無自性之真如法身、為同為異乎?答之有同有異、所謂同者、心王之理智法身遍一切處之三種世間摩訶衍是同也。此法身真如不守自性故、受染法淨法之薰、更賜分段之麁細生死、上之去之下之來之緣起現前、莊嚴真言秘密曼荼羅諸佛之驚覺、彰求秘密曼荼羅是異也。真如法身有此二義，名極無自性心。故十住心論第九云：諸法無自性也。去卑取尊故，有真如受薰之極唱，勝義無性之秘告。是極無自性心之真如法身之義也。故一道無為心的一切之善惡因果、依正迷悟、染淨諸法，皆悉妙法一乘真如法身兩顯為宗。極無自性心的真如法身之不守自性隨緣之義為宗。二宗之宗義已異，一道極無二種之住心差別顯然也，不可疑惑。

華、天之十界圓具與密教之曼荼羅之同異

問：天台法花宗、明自心本具之心王心數，現三身四身十法界之因果依正本來法爾。十界各互具足、彼々之三千週遍圓融、又華嚴圓教之別教一乘、明心佛眾生三無差別、三種世間總為身心性海之圓明而法界緣起因果理事不二也・又一一互相、相即相入、重重無盡、如帝網之重珠是莫言曼荼羅義如何有差別乎？答：法花之圓教說十方法界百界十如三千世間乃至一塵一念、一一互相含攝、遍法界圓遍圓滿、又妙覺果海之本地寂光之理智不二、三身即一、不縱不橫，一乘實相、名妙法蓮花、是為一切諸法之本源，此本地之法身、法界緣起之四味（四味者一者乳味是花嚴也。二酪味阿含也。三生酥味者方等經也。四熟酥味者般若經也。）三教（三教者三藏教通教別教是也）三乘五乘七方便（七方便者兩教二乘三教菩薩）九法界（九法界者地獄界乃至菩薩界等也）皆悉妙法一佛果之開顯、近成釋迦即本地久成之。三身即一、不縱不橫之釋迦開顯為究竟教，故真言三昧耶我云：於顯教最極醍醐之妙果也。於祕密從此為極無自性心。十住心論第八云：於諸顯教是究竟之理法身，但望真言門是則初門也。大日世尊及龍猛菩薩並皆明說也，不須疑惑。今於諸顯教之中究竟真實最極醍醐味之教的法花之中，未說本地寂光之理中內證祕密之四種法身。四種曼荼羅身、三密平等的三部四重之諸尊、五智無際智，輪圓無礙重重無盡、橫竪無窮之祕密甚深內證法門。又花嚴之圓教妙覺所證之本有性海圓明不思議法界，不守自性法界緣起、陀羅尼十義無盡、十玄緣起、六相圓融、十十無盡、究竟法門，為普賢因人說之。其當機者一生一身十地究竟乃至三生證入果海為究竟不思議教，未說妙覺果海內證之四种法身、四种曼荼羅、三密平等重重無盡，不可說不可說之秘密法門。故若干之內諸法門不覺不知故、猶是無明分位也。普賢性海之一門內諸不知、何況胎藏界十三大院、金剛界十八會、乃至十方無盡法界海中橫豎無盡、無盡々不可說、無窮無盡之秘密法門不知不覺故無明之重雲重々未晴、應知花嚴之妙覺果海之如來是自行為究竟之果佛。望真言門猶如是因人故、大日經說、如是初心之佛說成佛之因。十住心論云：望前之顯教極果、於後之秘密初心、初發心之時便成正覺宜其然也。初心之佛其德不思議也。萬德始顯一心稍現、證此心時、知三種世間即我身、覺十箇量等亦我心、盧舍那佛始成道時、第二七日為普賢等諸大菩薩等廣說此義、是即所謂花嚴經也。又云、善無畏三藏說、此極無自性心之一句、攝花嚴經盡、所以者何？花嚴之大意原始要終明真如法界不守自性隨緣之義。又云：極無自性心是明真如法身業驚覺之緣力進金剛際。又真言秘教是法身說也。祕密金剛最勝真言。以上之引文其意明也。法花以妙覺果海之本有寂光之理智的法本來開顯果海以還。法界緣起因果依正諸法、本迹雖殊不思議一也。未說妙覺果海本有內證之祕密曼荼羅之三密、花嚴即以妙覺果海圓明法界、顯示果海以還之法界緣起麁細諸法、事々圓融因果無二也。未說妙覺果海之本有內證的四种法身、四种曼荼羅、三密平等法內也。故真言二字義云：彼之法花經是隨他報身之究竟應用、平等自受法樂也云。此文中應用自受法樂之教者、彼法花中雖一身相即、隨他根身如來、以妙覺果海之寂光理智不二法身為法本、開顯果海之緣起、現前之諸法者，果海之法身本迹不二也，平等一味的妙法為究竟之教，故云應用平等自受法樂之義。而未說妙覺果海自然本有之秘密曼荼羅，此真言秘教即以諸顯教所處之絕離妙覺果海，談自然本有四種法身四種曼荼羅身之法，常恒演說隨自法身法爾宛然，自受法樂內證三密，金剛一乘甚深之秘密，云隨自法身究竟法爾宛然自受法樂也。

閞之理智不二之一心如來藏，心性法界為妙覺究竟之極果、義是三乘教之義也。何故云之顯之一乘，密之一乘，同以之為極果乎？答之三乘教之理智一心是一相一寂之第一義諦為極果。彼顯之一乘圓教之理智不二的心性法界，即本來無是一切善惡因果依正色心染淨，一塵一念一々橫豎之功德智慧具足、一々之体性影德互廣容遍法界、一々圓融相即相入、主伴具足重々無盡、為顯之一乘理智不二一心如來藏。故一塵各頓速之法界、一念祕頓極之實相也。此祕密金剛一乘是顯之一乘，云圓融自在之極果是言說心滅。極理性內證之祕密四法身四種曼荼羅身、三密平等五智無際智、一塵一念本來法爾、輪圓具足天珠涉入遍虛空無礙過刹塵、終無限極名祕密金剛一乘之理智不二一心也。此理智不二之一心者、竪論有十重淺深、横論重々尊位一々皆悉智々平等一味一際明祕密曼荼羅也。論極麁異生羝羊住心之依正、此位之一塵一念本來法爾之祕密曼荼羅也。若入此祕密究竟住十緣生句、不改凡心證大日位不起于座密嚴國土也。論極惡阿鼻住生、一塵一念本來法爾曼荼羅也、信解為佛不信為凡夫．新見之闡之不信者為無慚無愧之人、不了自心內證之秘密者、名為外道、故疏第十一云云有慚愧羞恥者成就秘密之行．又第十二云云凡一切之不了內證秘密者皆是外道也。

問：以佛之神變加持力為秘密之機、說三密之法者、顯教之隨他意說法有何差別乎？答：顯密二教之能說教主、所說教法差別不同也。住思能可分別之也。夫諸顯教大乘之中理（理者心佛性名理法身）不二一心之如來藏名第一義諦、亦名如理智境界。是則法界恆沙之諸法佛性也。今此佛性或歎果性不可說、或稱離教說離機根、此理智不二一心之如來藏、是理所現之三种世間十界因果也。色心依正名事之法性、名如理智境界、顯一乘教於此事之法性、或說本來法界、十界互具周遍圓融、一切大小權實橫豎義理法門真足、名妙法一乘、或說十無盡之十玄六相、名花嚴一乘、諸顯之一乘、以此理智不二之一大法身妙覺果海、稱果性不可說、言第一義諦之中無能說無可說、但真言密教印以諸顯教所絕離妙覺果海之自然本有理智不二之一心、一大法身之心王、名無相法身、此無相法身有無盡之秘密法門之義理內性內證。此無盡之內證法門名心數也。此心王現自受用身、心數是由一々之大智性、現金剛手等之無盡大智眷屬、由大悲之性現無盡之觀音號勤等大眷屬、由普門方便善巧性現無盡隨類喜見之身。此心王心數之四重聚一々具足四种法身、四种是曼荼羅身、此心王心數之諸尊是法然圓滿具足、天珠涉入遍虛空、重々無礙過刹塵、故十住心論第一云：「如是自他之四法身是法然輪圓我三密也，天珠涉入遍虛空，重重無礙過剎塵也，此心王心數各能加持之無相法身，所加持所現之種種法門身，各處加持身。此能加持之心王心數，住所加持身，此所加持之法門身是住能加持之心性，能處二住不二無相也。故所加持之身亦無無相法身，此能所二住之義理法門是謂義味故，以今建立而實無始無終法爾常恆也。故大日經說遠離於因緣，知空等虛空，如實相智生。是如十住心論第十說，此無相法身之所加持身境界，是本有無始無礙智之境界，甚深微細故，諸顯教在因說智之境界。或說唯佛與佛乃能究盡，或說果性不可說，離言教機根，或歎十地等覺不能入室也。如是密嚴海會雲集是本來法爾，離三世之相，離去來相，自受法樂故、法爾常恆說金剛一乘甚深之三平等法門。是名真言秘教、此密嚴海會之四種曼荼羅眾大悲願故、以神變加持力、法爾常恆之說法儀式不改、不衰秘密金剛幻身、為宿殖善根積大秘密之機緣、說三密平等四種曼荼羅、重々無盡之秘密法門、名教主經大日經等之真言經也。故大日經疏第一云云、然此自證之三菩提是出過一切心地、現覺之諸法是本初不生也。是處言語路竟心行亦寂也。若離如來威神之力、則雖十地之菩薩尚非其境界、況餘之生死中人耶。爾時世尊往昔大悲願故、而作是念若我但住如是境界、則諸有情不能以是蒙益。是故住於自在神力加持三昧、普為一切眾生示種々諸趣所喜見身、說種々性欲處宜聞之法、隨種々之心行開觀照門、然此應化是非從毘盧舍那之身、或語、或意生、於一切時處起滅邊際不可得也。譬如幻師以咒術力加持藥草、能現種々未曾有事、五情之所對、悅可衆心、若捨加持然後隱沒、如來金剛之幻亦復如是、緣謝則滅、機興則生、即事而真無有終盡、故曰神力加持經。顯教之說法爲地前菩薩二乘凡夫、現變化身說因果差別、次位次第說法名三乘教、爲地前地上一乘之機熟者、現他受用身說佛境界之因果無二、初後圓融之法門而爲行者論位々之明昧、名顯之一乘。真言秘教即盡虛空界遍一切之佛界、衆生界之因果、依正、麁細之色心當位實相也。自然本有之秘密曼荼羅也。雖等覺十地不得見聞、但自性法身大日如來大悲願故、以神變加持三昧、爲秘密之機緣、顯示之。時更不動法界常恒秘密內證之說法儀式，亦悟祕密機緣，皆悉悟入。無能入者，無處入處、本來法爾。三密平等祕密曼荼羅也。故若從一門悟入、說見心王心數之祕密曼荼羅、若論見心王心所御一一之法門次第見之、無明昧無識深、本來法爾之心王自在無究迴轉故、當知顯密二教同為機緣雖顯示之、能化之教主所說之教法、乃至說法之儀式、已黑白相分更不可相濫云。

問：十住心是一切衆生一一皆同本來具足法門也。豎論速悟重重始終之階也。云何頓悟即身成佛乎？答：雖十住心豎論始終之隔、瑜伽行者依自性法身說、我之一念之心，豎有重重分位差別、橫知智之平等一味、直往智智平等一味之觀行、觀察三密之實相、深修十緣生句、唯蕩心滴、更無位次、故真言密教名神通乘、故大日經疏第一云：若乘神通人於發意之頃便至所詣。不得云發意之間云何得到神通之相貌。不應生疑則此經之深旨也。

問：真言祕教是神通乘者，云何依教發心時即不即身成佛乎？答：真言行者依教修雖觀本尊三密，不相應三密之實相位，是不真言之發心，故不即身成佛也。

問：云何相應三密之實相乎？答：隨意觀本尊之三密實相深住十緣生句，無取捨分別，諸戲論悉盡，見三密之諦理、証本尊之身，相應不相應之分位，但証者能知之。未見諦理前，如射的譬修習三密實相，若不間絕勇猛精進一生成佛，即身成佛。故疏第一云：若能不虧法則方便修行，乃至於此生之中逮見無盡莊嚴加持之境界。非但現前而已若欲超昇佛地即同大日如來亦可致也。

問：觀本尊之三密、觀已成三密觀、觀未成三密觀？答：
觀已成三密得有相悉地，持、入我我入得無相悉地，已成未
成能所不二也。故疏第一云：今謂此宗謂修如是道跡次第
進修得住三平等之處，故名為門，即以平等之身口意之秘
密加持，為能入門。謂以身平等之密印、語平等之真言、
心平等之妙觀，為方便，故逮見加持受用身。如是加持受
用身，即是毘盧舍那之遍一切身也。遍一切身者即是行者
之平等智身也。是故住此乘者，以不行而行、以不到而到，
名為平等句。一切衆生皆入其中而實無能入者、無所入處，
故名平等。平等之法門則此經之大意也。真言行者之要也
深思之

問：真言秘教之頓悟、秘密神通乘之教相、永異顯教之諸

經、唯以法然秘密智慧可甚深信解也。而落福鈍根之機緣者有少分之結緣、今或受持真言秘教、或修行三時四時之法則、如是种類、速疾神通妙藥故、必如頓悟之機為有其益為當有差別乎？答之雖真言是速疾之妙藥、而於機緣有頓有漸有超昇、更不可一准。實雖所持之真言是速疾妙藥，隨機根之量得其益有淺有深、故御請來錄云：法海一味隨根淺深有之。五乘分鑣遂器頓漸有之。頓教之中有顯有密。此教文之中明頓中有顯有密、以知雖修行信解真言、隨善根之深厚淺薄、依機緣之淺深得其利益淺深久近差別也。間之機感相應之因緣是法爾法然之道理也。又世間出世間之諸法倚因、是亦不可思議也。彼之淮大高燈、費龍遠行、兼是藥術之所致也、何況法界五不思議十不思議之中佛法不思議第一也、就中真言妙藥速疾神通不思議第一醍醐也。從諸福鈍根者若信解修行、其益如可速疾、何定隨機可有利益之遲速淺深乎？答：於諸法之中宜自成義、談自立之趣是外道之教也。今佛法之中唯有因緣、能生諸法、亦滅諸法。故涅槃經云：一切之諸法是因緣故生、因緣之故滅。又毘尼云：諸法從緣生、此法從緣滅、故法緣及答、是大涅槃說。諸大小乘顯密正教之中皆同宣說。因緣生滅、或法緣道理、更無立自成義也。但諸法之因緣有利有鈍、此有和物、有不和物、為利之利也。為鈍之鈍也。為此藥也、為彼毒也、如是相應不相應不可思議也。唯佛智能知之、餘人所不究也。因之仙藥之飛空藥力不空、服五辛者不得飛空、外仙神通飛行無礙、行淫欲者亡失通力雷鼓之大音聞人不堪、聾者不能聞；日月之光明眼目明見、盲者不得見、水清影移、鏡瑩像現、如是因緣不可思議也。佛法之相应亦復如是。緣謝則滅、機興則生、利鈍遲速利益有無不可思議之因緣也。必依行業之麁細勝劣因緣、有頓入有漸入有超昇焉。佛法必需顯密之敎德圓備故、又顯教之中有悟秘密者、又密教之中有淺略顯教之益、故詮素錄云：法海一味隨機淺深有之。五乘分鑣遂器頓漸、教有顯密！此之文意是法常一味、但隨機有頓漸、有久有近、又有世間之益、有出世之益、佛法無際限機根作分際、任思可觀察之。

問：不思議之佛法妙藥是一味、隨機利鈍力用万差可以深信，但機有利鈍之因緣、此有何故也？答：夫諸道有昇沈依我之持戒、見佛不見佛是依乘之緩急，若人空般若精進者、諸佛之變化身顯現，說分段生死之生滅無常，斷麤妄執說偏真之理，若唯識真如之觀智勇猛者，佛化受用身顯現，說唯識真如之法門中斷細妄執說法空之理。若人如實知自心之觀行者，自身本有之三身即一，不縱不橫之心佛現前，說自心之實相印，斷極細妄執說自心之正等覺。故八十華嚴云：若人欲了知三世一切佛，應觀法界性，一切唯心造。大日經云：云何菩提，謂如實知自心，若上根利智之人，自心本有內證之秘密曼荼羅，三密平等之現智、勇猛精進者，自心本有之秘密曼荼羅身顯現、證三密平等、證悟無能入者、無所入處，不經劫數，一生成佛，即身成佛，故大日經云：若能依此勝義修，現世得成無上覺。又金剛頂經云：應當知自身即為金剛界，自身為金剛、堅實無傾壞，我為金剛身。菩提心論云：若人求佛慧，通達菩提心，父母所生身速證大覺位。當知隨所修之慧業淺深，見佛有權實，成佛有遲速云。

詢之顯教一乘之究竟妙覺果海，或云唯佛與佛乃能究盡，或云果性不可說，或云唯證相應離教說、故離機根。法身不說法者，是則顯教之教相也。而真言秘教即是諸顯教所絕離之妙覺究竟之果位之自性（理法身）受用（智法身）理智不二之法身所說，名真言秘教也。說者不說法之法身與說法之法身、義理体相為同為異如何？答：顯密二教之理智不二之自性受用法身名是同、但真言密教之法身大異諸顯教也。

詢：顯密二教之佛法身大異者云何辯顯密二教論、以瓔珞

經之理智法身為證、然則是金剛頂經所談、毘盧舍那佛自
受用之所說的內證自覺聖智法者、此則理智法身之境界也
之判釋乎？答之顯密二教論、以佛之三身說法、辯顯密二
教差別故、應化開說通名顯教、法身談話以稱密教、則是
顯密二教之說相差別也。若要論之則顯教有全之差別、密
教亦各之秘密也。若就所說教法論、能說之佛身、顯密各
有殊之佛身之不同、與其判然明之。但諸顯教之三身次第
的三乘教、三身相即一乘教於妙覺究竟之果海、或云十地
菩覺不見聞、或云唯佛與佛乃能究盡、或云果界性不可說、
或離言教說、或云離機根、或云唯證相應、如是皆盡絕離
、唯歎言斷心滅而実妙覺究竟果海之中、無更有隱密之無
盡秘密、撥有塵教廣多之三密、諸顯教之中以妙覺究竟果

海理智法事、謂印果海以還諸法、或談理事不二、或談圓果無二、或云三身印一、或名十身舍那、故要言二字之中、以顯之一乘名為開平等自受法樂之教。未說妙覺果海之中之自然本有三密、平等法界曼荼羅之自受法樂。今真言秘教以諸顯教中之絕離數言斷心滅之果性不可說等、證智不二無相第一義諦遍一切所、心之如來從自心本有之內性內證、橫豎重之無盡之秘密法門、一一各之鏡心互心數塵教不可說之四種法身、四種曼荼羅身、一一之諸塵法然本有輪圓無是無礙、重重無盡秘密莊嚴、橫豎法界總持法身也。故今此真言秘教、橫豎淺略深秘、秘中之深秘、無盡圓輪之秘密莊嚴之法界總持法身與顯教之妙覺果海云言斷心滅果性不可說之法身大異也。義理不可說濫、智者明了可觀答之。

問：顯之一乘圓教初住以上之功德智慧、皆得如來一身之無量身，初住得彼住之功德盡故，皆數言斷心識，唯佛與佛乃能究盡，亦彼智之所證理性是因住果位皆同云、不可說、何強指妙覺究竟果海之極理言斷心識。云果性不可說之法身、可論顯密差別乎？答：顯之一乘圓教之初住以上功德智慧實無分齊數量故云言斷心識，唯佛與佛乃能究盡、而佛現受用身為住地之菩薩說之，所謂花嚴經中加法慧十住、功德林十行、金剛幢十迴向，金剛藏十地、四菩薩、如次說四十位之功德智慧法門。是云顯教一乘，名花嚴經、而名別教一乘。又云因分可說普賢之境界、此別教之一乘住行向地之四十位，通名解行處。故五教章上卷云：

到教一乘終解行處說也。但妙覺果海是不共教相應、故佛
不說之。說為滿因、佛不思議品中對今因人雖說果地功德
智慧、是猶非究竟自在圓融之果云云。實妙覺果海究竟、
是唯證相應故、佛不說之。故或云：不共教相應、或云果
性不可說也。又天親之十地論說因分可說果分不可說。唐
賢首宗大師等同依經說付論釈、因分可說果分不可說之義
門以為宗義也。
問：花嚴之住行向地諸門、佛自不說、加四菩薩說有何意
耶？答：宗家之釈是多、但表因果無二之義也云云。又諸
花之中、佛自為令一切衆生開ゝ十住上行、示ゝ十行至迴
行、悟ゝ十迴向淨行。入ゝ十地安立行、佛之智見ゝ妙覺
也、亦名直至道境。正直捨方便、但說無上道、此云無上

道者、佛乘圓教之妙覺究竟如來之一切種智也。問：若如是之開示悟入佛之知見時、佛之知見故無無淺深，為覺者能入者、為有淺深乎？答：雖佛智圓而無初後淺深明昧、為能入者自有初後淺深明昧、故法花文句之第四云：然圓道之妙位是一位之中即四十一地之功德，高開具示悟入等、更非異心。但如理之知見無有分別淺深之相、欲顯如量之知見故、分別四位耳。發心畢竟二無別，如是二心前心難。疏云：雖易即知初心與畢竟，心應有明昧淺深之別、猶如月之待初後具圓而有朔望之殊、四位之知見皆明照實相而說開入之異耳。又云：經說之為令眾生開佛知見不論佛果自知自見、若偏悟佛果即失眾生、偏悟之眾生則無佛之知見、故不可偏取、二教之行人雖是眾生未有佛眼佛智、故不能知見実相、圓教之四位亦是霧生也。又分得佛見佛智、則影生之義成知見之義亦成、故寄此四位以釈理一、今如法花華嚴二宗之所釈、法花花嚴二經雖説佛果圓教之因位功德智慧、於妙覺果海之功德智慧、或云不論佛果、自知自見、或云唯証相応之故、或云果性不可説、絶不説妙覺究竟妙果地之本有内証秘密曼荼羅三密平等法門。已在顯教説妙覺果地之法身不説法。今密教論妙覺果地法身、法永常恒説法、故以諸顯教皆所絶離妙覺果地之理智法身、対此真言秘教、横竪重之浅深略秘、秘中之深秘、秘々中深秘、乃至一字攝多、一字成多等十六門之釈、無盡陀羅尼、重々不可説之秘密莊嚴法界總持之四種法身、四种曼荼羅、法然輪圓、我三密、天珠涉入遍虚空、重々之無碍述剎塵、一大法身、詳詮顯密二教之差異、此問答之中其理明也、何可疑哉。

生死之道

作者

大 僧 正
哲學博士　釋悟光上師

編輯

玄覺

美術統籌

莫道文

美術設計

曾慶文

出版者

資本文化有限公司

地址：香港中環康樂廣場1號怡和大廈24樓2418室
電話：(852) 28507799
電郵：info@capital-culture.com
網址：www.capital-culture.com

鳴謝

宏天印刷有限公司

地址：香港柴灣利眾街40號富誠工業大廈A座15字樓A1, A2室
電話：(852) 2657 5266

出版日期

二〇一八年六月第一次印刷

ISBN 978-988-77264-5-6
Published in Hong Kong